草根创业记

CAOGEN CHUANGYEJI

张文庆 著

上海大学出版社
·上海·

图书在版编目（CIP）数据

草根创业记/张文庆著. -- 上海：上海大学出版社，2025.5. --ISBN 978-7-5671-5250-2

Ⅰ.F241.4

中国国家版本馆 CIP 数据核字第 202558TP18 号

责任编辑　位雪燕
技术编辑　金　鑫　钱宇坤
装帧设计　柯国富

草根创业记
张文庆　著

出版发行	上海大学出版社
社　　址	上海市上大路 99 号
邮政编码	200444
网　　址	https://www.shupress.cn
发行热线	021-66135112
出版人	余　洋
印　　刷	上海颛辉印刷厂有限公司
经　　销	各地新华书店
开　　本	710mm×1000mm　1/16
印　　张	16.5
字　　数	330 千
版　　次	2025 年 5 月第 1 版
印　　次	2025 年 5 月第 1 次
书　　号	ISBN 978-7-5671-5250-2/F·263
定　　价	198.00 元

版权所有　　侵权必究
如发现本书有印装质量问题请与印刷厂质量科联系
电话：021-57602918

在撰写本书之前，我认真阅读了一些书，反复思考了以怎样的文字形式记载自己生命历程中的酸甜苦辣与喜怒哀乐，以什么样的方式记录自己的经历，如何向帮助我的人表达我对他们的感恩和敬意。本书介绍了我在逆境中的成长经历以及门窗为建筑、家庭带来的美感，阐述了二十多个真实案例，描述了我与客户建立信任的真诚付出与收获。

本书讲述了9岁才入学的我，从一个贫穷落后的山村努力拼搏来到山西省省会太原、而后再定居上海的坎坷历程。本书分"人生篇""创业篇"来阐述我艰难创业与持续学习的心路历程。

目 录

前　言 ··· 001

自　序 ··· 005

人生篇 ·· 013
　　九岁摆地摊 ·· 015
　　思念我的父亲 ·· 019
　　忆苦思甜 ··· 022
　　六月的执教 ·· 028
　　在太原的第一套房 ··· 031
　　祺来顺商店 ·· 034
　　立业成家 ··· 037
　　我的半边天 ·· 040
　　适时归零 ··· 046

社保的重要性……………………………………049

持续学习………………………………………053

奔赴上海………………………………………057

欧洲研学………………………………………070

太原马拉松…………………………………… 080

日本研学………………………………………085

邻居阿姨给我送羊汤…………………………090

量力而行………………………………………093

相识都是缘分所致……………………………099

有求必应………………………………………101

感恩导师………………………………………104

"狼徒腾"破冰之旅……………………………106

体育，让人坚韧不拔…………………………111

给女儿12岁生日的一封信……………………120

给14岁女儿的一封信…………………………125

撒谎是人生最大的耻辱………………………128

致谢：勤奋与感恩，照亮我的人生之路………130

毕业感言………………………………………134

创业篇·················137

销售改变人生·················138
第一次步入社会·················141
洞察与定位·················144
朴实动天地　诚信赢市场·················147
我的信仰·················150
创业贵人·················154
诚信与坚持·················158
挑战与成长·················163
我的小作坊·················166
门窗进高校·················168
亲而誉之·················170
近朱者赤·················175
京沪高铁·················181
完美主义者·················185
利他主义·················188
种下善良，必得善果·················191

和气生财·····································193

任性···197

无奈舍弃·····································201

厚德载物·····································205

遇强则强·····································209

设计师王恒···································213

青岛开工厂···································218

天道酬勤·····································223

华东理工大学商学院企业课堂讲师···············229

上海喜盈门···································234

徘徊在崩溃边缘·······························237

后记：生活不会辜负努力的人·······················241

附录···246

　门窗···246

　个人年表（2002—2024年）······················251

　个人成长轨迹···································255

前　言

如果你选择了努力，你就做到精致；

如果你选择了精致，你就做到完美；

如果你选择了完美，你就做到卓越。

隐藏在你心中的梦想，就是一个人努力的发动机！

我想我是一个追求精致、完美和卓越的人。感恩每一位帮我的贵人，让我这个一无所有的农村娃貌似拥有了社会基层人群想要拥有的一些收获。我很感谢我选择的门窗这个行业，更感谢门窗为我带来的一切，尽管这个行业在大家眼中算不上高大上，但门窗还是改变了我。所以，我感恩门窗，也感恩房地产行业快速发展的二十年。

什么是我积极向上、自强进取的精神支柱？我想是书籍和我亲爱的客户。从创业的第一天起，我就告诉自己，走高端、差异化、竞争小的产品路线，从而结识高层次的客户，把自己的专业能力和诚信通过产品和服务传递给客户，取得客户的信任。然后客户自然会主动给我推荐一些小而精的项目。的确，直到现在我还是按照这个路线坚定地向前走，事实也证明我的定位是精准的。

是什么触动了我这个一无所知的无名小辈？我鼓起勇气要把我的这段创业与守业的心路历程编写成书，来记录我的酸甜苦辣和喜怒哀乐。我想应该是因为我看了一些书，尤其是看了一位客户80多岁的老母亲所写的《我和我的一家人》这本书。

2021年2月13日，我在上海的茑屋书店看中了一本叫作《建筑的梦想》的书，从此，我找到了可以借鉴学习的参考范本。

我的这本书的主要内容由两部分组成，一部分讲述我深耕门窗行业近20年来的努力、自强及蜕变与成败，我称之为"自强篇"；另一部分则列举了二十多个真实的案例，我称之为"进取篇"。其中还穿插了一些我对子女教育的观点。为什么要分为"自强篇"和"进取篇"呢？主要原因是我在学习和阅读中难免会写下一些感慨，落款时总会在自己的名字前加四个字，写下"自强进取张文庆"。我在工作和学习的过程中，很多时候也是在自己给自己"打鸡血"，进行自我鼓励。

我第一稿的前言本计划以"春夏秋冬"四个片段来进行描述，这四个片段主要也是想寻找一些自然界的规律，因为春夏秋冬里的内容代表了奋斗的人生，每个季节都有其特有的气候、景象和文化特征，具有和生活相同的意义，但经过深思熟虑我最终还是选择了"自强进取"。

2024年4月，我手绘的某建筑图。

2023年12月,我拜访同济大学王国伟教授,请教我的书稿出版事宜。王教授一针见血地提出了将"自强篇"与"进取篇"改为"人生篇"与"创业篇"。

我的这本书还收录了一些门窗的参考设计图纸,其中的案例真实、图片精美。这是一部综合的、开放式的作品,是对自己、家人和社会的美好记录。人生就是这样的一个过程:生命不息,学习不止。

2021年6月24日，我们全家在上海外滩"上海市人民英雄纪念塔"前的合影。左一是我的爱人任芳，左二是的我儿子张嘉航，左三是我的女儿张嘉芷，右一是我。这是我们来到上海后的第一张全家福。

自　序

孔子曰："吾十有五而志于学，三十而立，四十而不惑，五十而知天命，六十而耳顺，七十而从心所欲，不逾矩。"弹指一挥间，我已经是不惑之年，我时刻努力而又自强进取，拼命地改变着自己，奈何花有重开日，人无再少年。就这样，我每天与时间赛跑，这已成为生活和工作的常态。学习如何把控自己的未来常常浮现在我的脑海中。

我很早就给自己定了个人生信条："勤奋与感恩是我诚实努力的资本。"因为，尽管我出生在一个偏僻而又贫困的小山村，家里还是贫困户，但我仍然要求自己用微笑面对人生的艰难困苦。在慢慢的成长过程中，我越发感到应该用一颗感恩的心去面对所有的不如意，要成为一个越战越勇的生活乐观派。毕竟岁月静好只是片刻，一地鸡毛才是生活的常态。尽管我懂得世界上没有完美，但是，追求积极向上的信念还是时刻涌动在自己的脑海里，即使在生活中努力了、拼搏了却最终没有达到自己理想的目标，那就用一句名言安慰自己好了："人生哪能多如意，万事只求半称心。"

经过20余年的努力拼搏，我对自己的成绩还是满意的。2001年我刚刚毕业，在农村教了几个月的书，就到亲戚家的广告公司工作，

2022年4月19日骑行。性格内敛的我没有什么不良爱好，或许骑车、跑步、学习和工作已成为我生活的全部。众乐乐不如独乐乐也许就是真实的我，我认为阳光且积极向上的态度应该成为这个社会的主流。

2020年10月，我和妈妈在上海外滩。

2023年4月28日至5月3日，我代表华东理工大学商学院参加第11届亚洲商学院沙漠挑战赛。

2018年8月28日，我在上海文定路与凯旋路交叉口开设了系统门窗展厅。这是我来到上海后开设的首家门窗展厅，主要展示了高端门窗系统、阳光房、提升推拉门、电动平移天窗、铝包木门窗系统以及配套的遮阳系统等。

一干就是三年多,其间认识了我的创业启蒙老板。2005年我应邀到门窗厂跑业务;2006年年底,我离职创业;2007年3月,我开始在大型建材卖场开设展厅。

从一个农村贫困户到在省会太原创业、购房、结婚、生子,我完成了成家立业的里程碑式进步。无论如何,表现可嘉,难免飘飘然,也有过昏昏然。这些收获,虽然不是大富大贵,也算是脱贫了吧,至少近几年内温饱无忧。怎样才能抑制"飘飘然、昏昏然"呢?我想应该是再学习,让自己归零,与比自己更优秀的人交往,或者给自己定一个更远大的目标去努力奋斗等。

2018年12月,我迎来了第二个里程碑的进步,就是在上海购买了一套地段还蛮好的房子——长宁区中山西路、虹桥路上的"老破小"。这一切也许在诠释当今社会的"心灵鸡汤":越努力越幸福,幸福都是奋斗出来的,我们都在努力奔跑,我们都是追梦人……这不是痛并快乐着,而是痛的开始,是大跨越后的又一次自虐。人生无常,别无选择。曾经贫困潦倒的时候,我被人讽刺,被人看不起,更谈不上被人尊敬。为了不被他人鄙视,为了给这个家争口气,我只有继续努力。

谈起在上海买房,这是一个巧合,我常常在思考一个问题,就是任何事情都没有绝对的对与错。不同的时间有不同的对,不同的节点有不同的错,只要你努力地向前走就是对的,如果你止步了,灰心丧气,带着后悔等负能量,那你就错了,这算是我的一点心得吧。

2018年4月,我跟随同济大学研学团在意大利威尼斯参观完水晶灯制作工艺后留影。

2018年4月，我在意大利米兰研学，参观完米兰家具展以及米兰设计周后，我在米兰大教堂前留影。这是一张拍摄效果让我比较满意的照片，我将其用作为微信头像长达6年之久。

转眼间，我来上海近5年了。2018年4月，我随同济大学研学团前往欧洲开展为期15天的研学。首站在意大利米兰参观家具展和米兰设计周，同时在米兰理工大学进行培训学习，再去其他各大城市参观具有代表性的建筑、博物馆、美术馆并与一些建筑设计机构进行了交流学习。

在此期间我认识了一位来自北京的同学——王恒。他是研学团里一位帅气、幽默、经常开一些可爱玩笑来活跃气氛的男孩。刚入住酒店，他就把我从国内带来的桶装方便面和饼干吃完了。当然，是我主动送给他的，远在他乡互帮互助嘛。15天的共同学习，我们彼此观察，慢慢了解。同学间逐渐熟悉起来，茶余饭后闲聊几句，了解一下彼此从事的行业和所在的城市。王恒在北京做高端私宅设计十多年，我在太原做门窗私人高端定制也十多年，本身房屋设计和门窗谁也离不开谁，貌似这样的话题可以继续聊下去。他说在上海刚刚成立了一家设计公司，也在找门窗配套材料商，我说我正在上海筹划一家门窗展厅呢。简单的聊天其实加快了我在上海开设门窗展厅的进程。在聊天的过程中，我们彼此观察着对方的言行举止，并判断对方是否值得信赖与合作。

整个游学过程中我还是一如既往地关照着每一位需要帮助的人，尤其是乘坐大巴车搬运行李的时候。就这样，时间匆匆而过。相识都

2018年4月22日,我在意大利卡拉拉山脉参观石材开采技术时留影。

2017年4月10日,我在瑞士铁力士山山顶与来自北京、上海、广州、深圳、杭州以及苏州的设计师精英们合影。

是缘分所致。回到国内不久，北京居然之家高端建材卖场太原分部邀请王恒来太原做设计分享，巧合的是意大利游学的领队也是太原人，而且她家的门窗还是我设计安装的，更巧合的是同济大学的意大利籍教授 Gianpietro 也在中国，我们还都认识。既然如此，那就来个短暂的山西游吧，山西是历史文化底蕴深厚的省份之一，我们筹划了有价值的旅游行程，游览了著名的乔家大院、世界文化遗产平遥古城，品尝了当地特色小吃，欣赏了文艺表演，加深了彼此的友谊和了解。

从意大利游学回来，我就加快了上海门窗展厅筹建的步伐。选址是首要任务，在这个陌生而又令人向往的城市里，我没有熟人也不了解当地的市场情况。这时候，我想起多年前参加一个活动认识的朋友杨女士，她从事户外家具生意多年，她家里别墅装修时咨询过我门窗阳光房的事情，我也去过她的展厅，双方的印象还可以。虽然没有深入交往过，但从经验判断应该是可以信赖的伙伴。经过沟通，我在她几百平方米的展厅里划出一小块面积做门窗阳光房的展示，这样也可以带动双方产品销售，合作共赢。谈论好合作事项后，我就开始设计展厅并加急定制样品，两三个月时间就把位于上海宜山路与凯旋路路口的展厅弄好了。我也从此开启了沪晋两地奔走的生活。

门窗展厅合作没多久，展厅合作商杨女士提出要向我借钱，一笔七位数的巨额借款着实把我给愣住了，因为我们没有合作过，也不太了解对方，张口就要如此大的金额，我还是第一次遇到。再三考虑，我还是无利息借给她一笔不大不小的六位数款项。

过了一段时间，她说有一套房子，问我要不要，然后让同事带我去看了一眼，我当时就回复不要，那么小又那么贵。直到有一天，王恒在上海设计的一套获奖的小房子要拍摄，说有个窗户不好开关，需要我去帮忙修一下。去了之后把我给看懵了，和要卖给我的那套房子户型基本一样，而且室内设计得又如此完美。

此时此刻我的想法被颠覆了，王恒毕业于日本东京大学，做这种小而精的案子还是有一手的。在日本，或许这种小房子比比皆是，在上海市区同样有很多这样的"老破小"。维修完门窗后，我的想法有所改变，回到住所我就跟老婆打电话沟通房子的事情。在此，我还是要特别感谢我的老婆大人，每当我作出重大决定，她总是强烈支持我。然后，我开始四处筹钱，在借给杨女士那笔钱的基础上补齐剩余的购房款，没过多久事情就顺利办好了。

在亲朋好友看来，在寸土寸金的上海内环边买房是让人羡慕而又光鲜亮丽的，而实际上这万里长征才刚刚开始……

人生篇

2024年6月25日，我参加华东理工大学商学院硕士研究生毕业典礼。

九岁摆地摊

我出生在一个普通而又贫穷的农民家庭,性格内向。

孔子说过:"刚毅木讷,近仁",而"巧言令色,鲜矣仁"。内向的性格有很多我们不了解的优势,也有我们不曾看到的可爱之处,话不多但是掷地有声,情不露但深沉长久。

我出生在山西省太原市阳曲县泥屯镇的一个村落,父母都是淳朴的农民。我们家世代为农,靠天吃饭,我小的时候家里种了一些苹果树,后来果树病死都砍光了。那个时候阳曲县是全国贫困县,乡村的物质生活非常落后,父母辛辛苦苦耕种一年的田地和苹果树也只有几千元的收益。他们没有念过多少书,也不懂什么大道理,对子女的教育一无所知,也就顺其自然了。所以,我9岁才上一年级。不要觉得可笑,这就是真实的乡下生活,到目前为止,这样的情况在农村也比比皆是。但是父母有自己做人做事的原则,并对我言传身教。

在当今社会,大多数的"80后"都学过《悯农》这首古诗,但是很多人没有经历过诗中描述的农耕生活,而我不仅学得很透彻,更是经历得淋漓尽致。9岁的我开启了美好的小学生活,无知懵懂的双眼中透露着穷人家的孩子早当家的气息。因为爸爸腿脚疼痛,不方便劳作,妈

妈扛起了家庭经济来源的半边天。

那些年,只要忙完地里的农活,妈妈便去城里的农贸市场加入那一群最底层的劳动者——菜贩的行列。从凌晨到夜晚,寒暑不分,风雨不停,破口的双手、干裂的脸庞和布满红血丝的眼睛仿佛都在无声地诉说着她的心酸。而我放假后也加入了妈妈的队伍,在冰天雪地的冬季,还不会加减乘除的我也在妈妈的辅导下开始独自摆摊卖菜了。有些好心的买主看到我这可怜的小孩会主动把菜钱算好付给我。当然,数量少、简单的我也会算价钱,一旦遇到数量多的时候,我就算不清楚账了。我也有过被骗的经历,在那个普遍贫穷的年代,占小便宜的事情也是屡见不鲜。

这个行当起早贪黑已是家常便饭,"起得比鸡早,睡得比狗晚"。这些人或骑着三轮或者推着两轮,每天凌晨三四点开始进货,在进货的过程中被骗或者货物中夹杂一些次品是常有的事情。进完货,这些人就急急忙忙抢个好摊位卖货,遇到好天气是幸运的,要是遇到刮风下雨就麻烦了,卖不掉的菜被雨淋湿后就会很快烂掉,那样一天就白干了,甚至还要赔钱,日子就这样辛酸而又无奈地过着。

作为一个农村的孩子,从小家庭条件比较差,所以,小时候的照片就很少,这是一张比较能够反映我童年的生活照。左一是我的亲哥哥张春庆,右一是我四叔家的三儿子张元庆,左二是张国庆,后面个子最高的是张宏民。从这张照片可以看出,我小时候又矮、又瘦,这些不利因素贯穿了我的整个童年。

2024年4月,参加完云丘山越野赛的我。小时候的我和现在的我是不是很不一样?

夏天遇到暴雨或者阴雨连绵的天气，我们住的地方便是外面下大雨、家里下小雨，有时雨水倒灌入家中，一片狼藉。我们租住的房子是那种只有门没有窗的小破屋，更谈不上通风采光了，潮湿的环境就那样持续着，导致妈妈的皮肤病久治不愈。因为卖菜不一定每天都能将进来的蔬菜悉数卖出，农贸市场的客流量是有时间段的，或者说过了一定的时间就没有了客流量了，剩下的货怎么处理是很棘手的问题，无奈只能转向客流量相对较大的马路边售卖，这就开始了躲躲藏藏的"游击战"。当时的场景就是一片混乱。貌似现在的城管和商贩的关系都有了很大的改善，但是当时地摊市场犹如战场。

2016年拍摄于德国的一个小镇，成年后的我逐渐克服了一些不利因素，也通过自己的努力改变了瘦弱矮小的状态。

童年的爱就是未来的光！我相信爱是多种多样的，虽然我没有被溺爱，但是我一样拥有父母对我的疼爱和珍爱，享受了童年该有的爱。每个人的命运和经历各有不同，只要勤奋，相信吃得苦中苦，方为人上人，梅花香自苦寒来，坚信风雨之后见彩虹。

我的手绘图：爸爸留给我们的四间房。

思念我的父亲

我最亲爱的父亲！一别再无归期，从此相见只在梦里。

2001年，那年我21岁，父亲永远离开了我们。想起父亲，我忍不住潸然泪下。在博大精深的汉语中有无数沉博绝丽的诗词来形容父亲，但是此时此刻，我却想把所有的赞美之词抛之脑后。因为我的父亲是一位与众不同的无名英雄，他的所作所为、言行举止足以诠释那些赞美父亲的华丽语言。俗话说"嘘寒问暖三千日，不及凉时一件衣"，我的父亲就是那个不嘘寒、不问暖直接送衣服的人，或者说是舍小家为大家的楷模。简单举个例子：我爷爷育有两女四儿，父亲在兄弟中排行老三，大姑位居长姐，小姑则是幼妹，排行第六。奶奶早年去世，我甚至无缘得见她的面容。古往今来，每个子女都有赡养老人的责任和义务，在我看来这份重担几乎是由父亲一肩挑起的。父亲日复一日、年复一年，每天给爷爷做饭、送饭、生火、烧炕，无怨无悔，直到八十多岁的爷爷安详离去。

在这个世界上，有没有比以身作则更有效的教育方式？我想是没有的，至少在我的人生词典里没有。有好多朋友说我的执行力蛮强的，或许我此时此刻在父亲这里找到了答案。

父亲去世是一种什么样的感觉？我家是一穷二白的农村家庭，还因看病负债累累，而且我们兄妹三人都没有成家，万幸的是我们都已成年，拥有了自立的根基，具备了工作能力，感谢上苍为每一只渴望飞翔的鸟都留有一根相对低垂的树枝，我们坚信，努力一定会有回报。

历经风雨才会更有韧性！

化悲痛为力量！

逆境成才！

……

一句句鸡汤似的励志诗词回荡在我的耳旁，可是我需要的不是嘘寒问暖而是添衣保暖。越无助，越无助，越无助；越悲痛，越悲痛，越悲痛。

这样的悲痛持续了很久很久。悲痛到什么地步呢？我个人的亲身感受就是低头就会情不自禁潸然泪下。父爱如山，失去了父亲也就失去了一个家庭的精神支柱。

父亲去世出殡的日子偏偏与我毕业考试的时间冲突，真的是让人无奈至极。在学校收到父亲去世的消息，我已经悲痛欲绝，只剩下心酸与绝望。懵懂、懦弱、无知的我远在千里之外，脑子一片空白，痛哭，迷茫，孤独且无助。那个时候主要的联络方式还是公用电话。后来按照家里人的安排，我在父亲出殡前回来悼念。

此时我们家已经身无分文了。因为我们是农民家庭，经济来源就是靠天吃饭的几亩旱地。1998年我上学的一万多元学费都是靠家里的少许积蓄和姐姐预领的多年工资（姐姐当时工资大约每月一二百元）。父亲生病住院的费用也是亲戚帮忙支付的。无论如何，我要感谢爸爸的兄弟姐妹和亲戚朋友，特别是爸爸的姐姐和哥哥为我家的操劳。

不觉心酸珠泪涟，天涯海角有尽处，父爱伟大难报答。

2012年，第一次完善后院子的实景。

2021年，将平屋顶改为坡屋顶，露台改造成阳光房。为了让妈妈更好地养老，设计了冬天无需扫雪、夏天隔热等功能。

忆苦思甜

巍巍太行山，泱泱黄河水。山西古称晋，是中华民族古代文明和灿烂文化的主要发祥地之一，春秋时为晋国，战国属赵、魏等国。元属中书省山西道，清为山西省。省会太原是国家历史文化名城，是一座拥有两千多年历史，"控带山河，踞天下之肩背，襟四塞之要冲，控五原之都邑"的古城。太原三面环山，黄河第二大支流汾河自北向南流经此地，自古就有"锦绣太原城"的美誉。

20世纪80年代初期，我出生于太原市泥屯镇杨家井村的一个普通农民家庭。兄妹三人，哥哥最大，姐姐排行第二，我最小。忠厚勤奋的父母营造了一个"五好"家庭，勤俭、和睦、团结、敬老、文明等优秀品质都在诠释着朴实农民对美好生活的向往与追求。

怀旧常常是一扇窗户，推开它，可以看到记忆中遥远的景象。

1990年之前，也就是我上小学前，我的童年生活应该算是一段美好的回忆。因为那个时候父亲经营供销合作社，相当于现在的超市或者小百货商店吧，销售各种零食小吃如果丹皮、泡泡糖、酸梅粉、拉丝糖等，让我记忆犹新。时间匆匆而过，或许是当时村里存在困难，我9岁才上一年级。那个时候村里没有幼儿园，我上小学一年级时，学校就在村里的一座寺庙里。我上小学二年级的时候，学校换了地方，新的地方就是我父亲当时经营的供销合作社的所在地。供销合作社的地方被学校占用后，就搬到了我们家的院子里，因为地址搬迁，买货的人越来越少，最后就不再经营了。

苦，往往留给那些爱吃苦、能吃苦又自愿奉献的人，父亲不仅承担着养育我们兄妹三人和整个家庭开支的重担，还担负了对年迈爷爷的日常生活照料，可想而知，忠厚又有担当的父亲是多么伟大。父亲早年做过很多体力活，导致步入中年后身体出现诸多问题，尤其是腿疼，还有各种小毛病。这些身心的负担，已经让这个正处在人生最辉煌年龄的汉子失去了他本该有的追求。

人们常说："父爱如高山，巍峨而绵延。"然而，当那可依傍的高山不再，那份绵延与巍峨亦随之消散。重担就转移到了母亲身上，

2020年春节，全家人在姐姐家午饭后合影。左一是我的爱人任芳，左二是我，左三是核心人物妈妈，左四左五是哥哥和嫂子，左六左七是姐姐和姐夫。

左图：2018年，姐姐在老家盖房的全貌。

右图：2024年7月，妈妈游太山景区。

因为母亲比父亲年龄小很多，所以父亲在世时，母亲在家里也受到父亲的诸多呵护。在别无选择的条件下，母亲很快变成了一个女汉子，我们兄妹也读懂了什么叫"穷人家的孩子早当家"。接替父亲后，母亲成了这个家庭唯一的经济来源。那时候家里有苹果树，到了秋天，母亲小心翼翼地把每个苹果摘下来打包好，每次装三四袋苹果，提前和村里送石料的拖拉机师傅说好，请他帮忙把苹果放在石头上面，将厚厚的棉被垫在石头上，再把苹果放好，生怕把苹果磕碰了卖不出去。虽然一袋苹果仅仅卖一二十元，可当时我们家人真的是视苹果如命呢。每次都会对帮忙的拖拉机师傅发自内心地感谢。

日复一日，苹果渐渐地都卖完了，可是这些钱远远不够我们日常生活和上学的费用。于是，空闲时间母亲就去一个菜市场卖菜赚点家用。我在小学一、二年级的时候就跟着母亲在露天的马路边开始了艰苦生活，加减乘除都不熟悉的我就这样一天又一天地感受着生存的不易。

三分汗水，五分勇气，七分毅力，十二分艰辛，我们一天天地长大，而且越来越懂事。然而，本不该如此衰迈的父亲却无奈而又貌似乐观地过着每一天。我家住的地方比较高，院子和四叔家的房顶在一个平这张我和妈妈的照片我已不清是什么时候拍的了,但是从当时农村的拍照水平来讲,算得上是一张有品质的照片。记得这是一个叔叔结婚的时候,摄影师帮忙拍的。

面上,父亲每天两点一线地从家到四叔家房顶坐着,用微笑坚强地面对着春夏秋冬。学费和家庭的开支越来越繁重,无奈之下,姐姐刚上初一就退学,哥哥也是勉强上完初中,唯独我这个无知的孩子成为家里最幸运的一员。印象最深的是哥哥去打工后,姐姐在家给我蒸的花卷特别好吃。初中的时候我们要翻山越岭走几公里路去另一个村庄上学,中午带的饭就是姐姐给我蒸的花卷。没过多久,姐姐也出去打工了。

1997年,在家人的鼓励下我去乡镇中学复读。父亲在村里为人忠厚,也结交了很多朋友。关于上学住宿问题,父亲和一个在乡镇供销社的朋友宋叔叔谈及此事,随即宋叔叔便骑着令当时很多人都向往的摩托车把我带到了乡镇供销社的一间房子里安顿好住下。同住的还有宋叔叔的两个孩子。转眼间,几个月过去了,我免费住着非亲非故的宋叔叔的房子,心里也不是滋味,还时不时在宋叔叔家吃饭,总是有点过意不去,后来我就搬到学校里住了。这么一搬就是从床铺到地铺的转换,可悲的是一间房子里住了几十个学生,还有更可悲的我不想继续说了。住所是这样,每天吃的饭也就可想而知了。正是在这样的环境下,我深刻体会到了"夜夜难熬夜夜熬"的道理。

1998年中考后,在两位有识之士的指引下,我去读了一个财贸类学校,或许这是改变我们这个家庭的起点。我要感谢我的大伯(父亲

图中的我们是发小。左一是宋永平,左二是宋艳峰,左三是宋永贵,右一是我。

的哥哥)和大哥,以及我的家人,尤其是坚定地帮我支付学费的亲爱的姐姐。弹指一挥间,三年的学习生涯瞬间而过,我的世界雪上加霜,不幸叠加厄运,贫穷家庭的孩子脆弱又胆怯,既没有海燕般高傲的翅膀,更没有乘风破浪的勇气。

2001年,我快要毕业的那段时间,爸爸生病住院了。家里没有积蓄,年少无知的我们也不知所措,只能依靠父亲的兄弟姐妹帮忙关照,最后父亲还是因为没有钱支付医疗费用而被病魔夺去了生命。更让我遗憾的是,父亲出殡当天正是我毕业考试的时间,当时我听取家人的安排,提前回家披麻戴孝后,又回到学校参加了毕业考试。

父亲辞世,我第一次感受到失去亲人的心痛。二十多年过去了,每每想起父亲,每每参加亲朋好友的婚礼,看到台上别人的父亲讲话,我总是无法控制自己的眼泪。毕业后,我回到村里教了几个月的书,然后就去城里跟着姐姐干起了广告工作,尽管月薪百余元,但我满怀激情,全心投入。这个广告公司至今还在良好地运营发展,我祝愿它能够永远飞翔。

  转眼间又到寒冬，北方的冬天寒风刺骨，2001年的冬天，我没有毛裤御寒而倍感煎熬。这家公司恰好是大伯家儿子开的。大伯有一次来公司，看到我单薄的裤子问道："你为什么这么冷的天气不穿毛裤？"我说："没有。"后来大伯就送给我一条毛裤，让我度过了一个温暖的冬天。

六月的执教

执教一次，自教一生。

这是一种磨炼，一种奉献，更是一份收获。

"上善若水"应该是一个人终身追求的最高境界。我自认为是一个努力、勤奋、谦卑、诚实且充满正能量的普通奋进青年。每年的六七月份，骄阳似火，恰似懵懂少年怀揣着青春与梦想的心在炽热地燃烧着、激情地跳动着。

2001年六七月份，我刚刚毕业回到农村老家，就被安排到本村的小学教书。当时接替的是曾经教过我的宋老师。就这样，我开始了短暂的执教生涯。农村的生活是非常艰苦的，尤其是在贫困村。农村的教育简单枯燥，学生稀少，教师更是缺乏。在复式班的教室中，学习交叉混乱。复式班就是一年级和三年级在一个教室，二年级和四年级在一个教室。同一个老师要教多门课程和多个年级，除了基础的语文和数学，基本上没有其他兴趣特长类课程，什么音乐、美术、地理、科学等课程统统想都不用想，就连体育课也缺乏专业的体育老师指导。记得有一次孩子们要上体育课，我就带他们去校园里的一片空地，把我在学校里学的体育知识教给了孩子们。孩子们学得乐此不疲、兴高

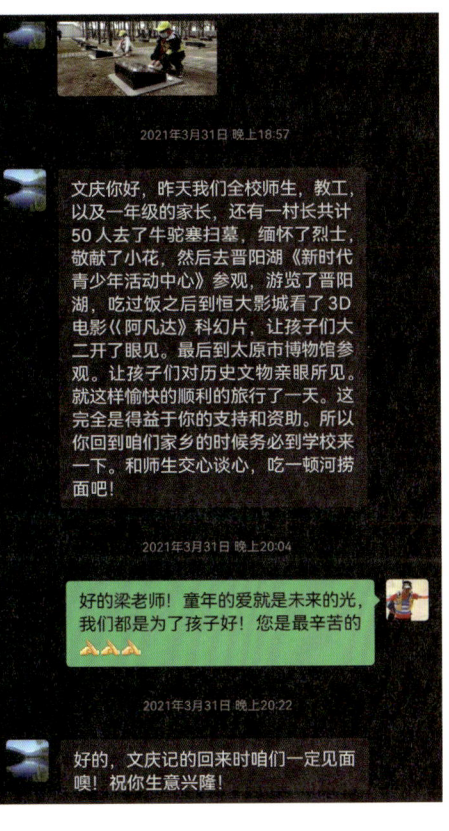

采烈。那是一个炎热上午的最后一节课,有一位老师看到我在上体育课,就问:"你们不热吗?"我说:"只要孩子们高兴我就不热,心中有爱,天气永远是恒温。"

有人说"越努力越公平",但是他们的父辈都是日复一日、面朝黄土背朝天地耕耘着每一寸土地,也没有显示出对下一代教育的重视,这是最可怕的思想。我眼睁睁地看着他们无知而又快乐的童年,不由得感到心酸、怜悯、无奈、孤单又无助,所以,我力不从心也无能为力。

改革开放40多年,祖国经济飞速发展,大批的农村青年涌入城市打工就业、增长见识,无形中也提高他们对教育的认知,国家也对农村教育投入了人力物力,深刻且全面地改变了农村教育体系,农村教育的硬件和软件都上了一个新台阶。但是农村

2021年,疫情还在持续,很多大公司和一些象我这样的个体户也是举步维艰。这时候,我又接到了小学校长的电话,希望我能给他们捐助一些钱,目的是清明节带领孩子们扫墓缅怀烈士。于是,我还是捐助了一些钱给小学,这是当时我与校长的简短对话记录。

2021年3月,小学赠予我的纪念。

人生篇 / 029

的孩子有所减少，好多邻近村庄的学校因此关闭，万幸的是我执教的这个村庄依然有六七十个学生（2019年数据）在校上学。

这个学校就是杨家井小学。

这是我当时执教的学校，也是我的母校。在这个世界上，快乐是无价之宝，尤其是童年的快乐。童年的快乐不分贫穷与富有，这种本能的快乐是最珍贵的。看孩子们跳着广播体操，这种无忧无虑的快乐是一种发自内心的享受。

在太原的第一套房

牛顿曾说："天才就是长期劳动的结果。"这也就证明这个世界上没有天才，只有勤奋劳动才能成功。还是那句话，工作与学习，要慢慢学会不着急，如果必须"苦其心志，劳其筋骨"，那也许正是"天将降大任"的预示。

2007年，我历经百般磨难开启了艰难的创业。2007—2022年间的千辛万苦、喜怒哀乐真的让人疲惫不堪而又不得不坚持负重前行，我只想为这个曾经饱受饥寒的家庭争取更多的岁月静好。当然，有付出也有收获，我在坚持中实现了一些梦想，时时刻刻感觉都在"撸起袖子加油干"，只争朝夕，不负韶华，为获得天时、地利、人和的眷顾而努力拼搏着。尽管我没有什么财富可言，也没有为社会做出什么大贡献，但我给我的客户提供了高品质的产品和优质的服务。而我的客户群体也正在日夜操劳地推动这个社会一点点地进步着，这或许是对我勤奋而又诚实努力的付出给予的一种回报。

2003年太原经济适用房的价格约为1 200元/m^2，我们家的积蓄和借来的钱还是远远不够首付。万般无奈之下，我找宋大哥商量解决方案。我想此刻的宋大哥是何等无奈，事已至此，貌似只能帮人帮到

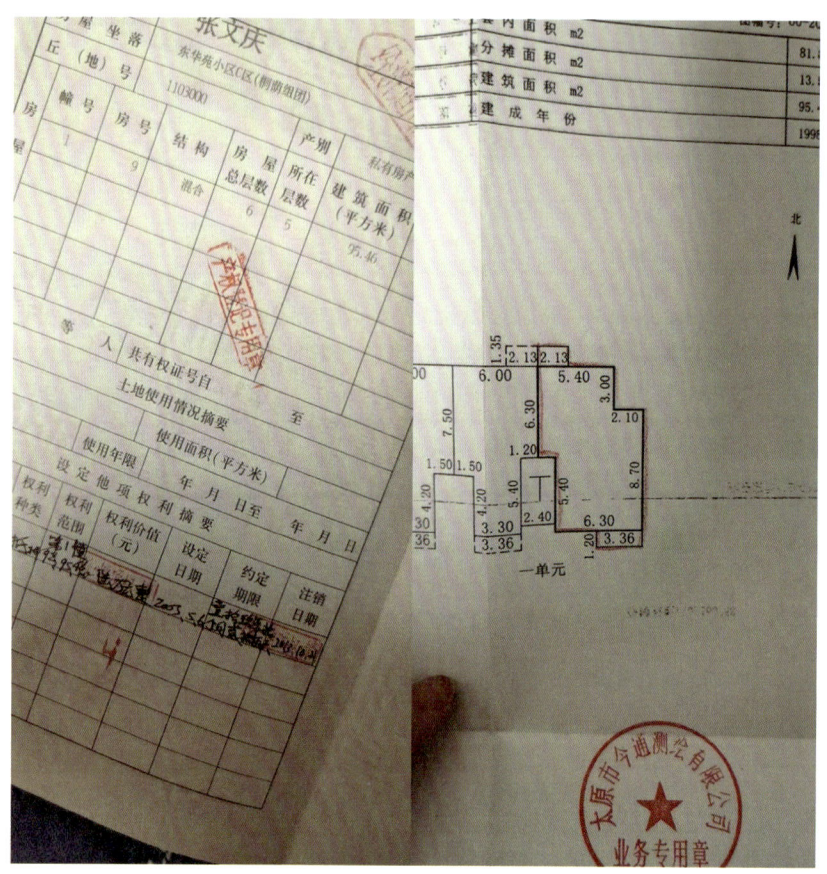

这是我们家从农村走向城市后购买的第一套房子。这套房子的购买,改变了我们家的命运,从此我们家开始蒸蒸日上。这套房子见证了我们兄妹三人的婚姻大事,也见证了我们全家人的成长。

底了。宋大哥的人脉和社会经验还是丰富的,他先找人到银行办理房贷,因为有熟人在银行工作,对银行各项业务比较熟悉,所以房贷很快就办好了。但是首付款仍然不够,我们又到处借钱,这样才解决了首付款的问题。

记得大哥的同学从太原开着轿车接我去县城办贷款的时候,那位同学在上车前先是将皮鞋换为白边布鞋,一路放着车载音乐,唱着高亢的歌曲。我忐忑的内心既羡慕又向往,忐忑的是银行能不能顺利放款,向往的是大哥同学的潇洒生活,我祈祷自己也能有机会买辆车放肆地吼几嗓子解压。最终事情顺利办完了,因为是现房,所以没过多久我就拿到了钥匙。进到房子里的那一刻，我真的是喜极而泣，泪水喷涌而出，这是异想天开，或许也是梦想成真，这是我人生中一次"痛并快乐"的收获。

想起那段借钱付首付款的经历，我至今历历在目。农村娃走进城市买房，这是一件不容易的事情，可以说是一个里程碑式的进步，有条件的亲戚朋友应该能够给予帮助，这是我当时的真实想法。父亲有兄妹六人，父亲一人在农村为爷爷养老送终，在我们需要帮助的情况下我想亲人们一定会帮忙的。但残酷的现实还是给我深深地上了一堂社会课，我仅仅得到包括宋大哥在内的极少人的帮助。

宋大哥在我们这一辈排老大，他工作、学习、为人处世都很优秀，是我们学习的榜样。

那个冷酷的深夜，我独自一人骑着破旧的自行车，脑子里反复捋着可以求情借钱的亲朋好友。我的眼泪情不自禁地往下流，仅仅两三万的借款，却一次次击碎了我美好的理想与希望。

幸福悄然而至。在拿到房子钥匙后，我们便抓紧时间开始简单的装修。在妈妈的带领下，我们兄妹三人开启了艰苦而又喜悦的装修之旅，扛沙子，搬水泥，从一楼到五楼反反复复来回无数次。可惜我们现有的几两碎银仅够买些沙子水泥，迫于无奈，我们只能这样循序渐进而又简陋地装修着房子。古来苦乐相倚，此时此刻，冬寒将去、春暖而至，生活就像晨曦的太阳在冉冉升起。在房子里，尽管我们打地铺，尽管生活艰苦，尽管有很多无奈，但是房子为我们遮风挡雨，给予了我们努力的希望，更重要的是结束了我们的租房生涯。

祺来顺商店

2005年的一天，我突发奇想要给妈妈找一个门面开个小卖部。也许这是天意，自2001年父亲去世之后，妈妈的生活满是艰辛。2002年妈妈跟随我们一起来到太原，从在饭店洗碗、打扫卫生到在学校做清洁，最终又辗转回到饭店干活儿，工作一直是很苦很累的。两三百元的工资，妈妈坚持了三四年。此时，我们兄妹三个还在各自的打工生涯中摸爬滚打。哥哥在一家单位开车，姐姐在亲戚家的广告公司工作，我也在一个门窗厂跑业务。尽管我们各自的道路不尽相同，但是我们已经正式步入了努力奋斗改变人生的正轨。

2003年，由我发起、举全家之力在亲戚朋友的帮助下购买了太原的一套房，尤其是得到了宋大哥的大力支持，至此结束了我们全家在城里租房的艰难生活。从房子的购买到简单的装修，姐姐立下了汗马功劳，不论何时何地我们都是异常团结，沙子、水泥、瓷砖等装修材料都是自己搬运上楼的，此时还未过门的嫂子也参与其中。转眼间2004年悄然而至，有了这约96m^2、户型结构特别好的三居室，哥哥和嫂子顺理成章地办了一场来之不易而又相对体面的婚礼。

言归正传，2005年我骑着电瓶车在业余时间穿梭于太原的大街小巷，寻找适合妈妈安心经营的小卖部门面。得益于平时对门面房的敏锐观察，我很快就找到了一个价格便宜而且比较安全的小门面，还可以住宿。这样既解决了妈妈的吃住问题又能赚点钱，可谓一举两得。店面起初有一个窗户，经过沟通后，我把窗户改成了门，这样有利于业务的开展。感觉天时、地利、人和都具备了，于是我就找了个合适的时间蹲守在门面房附近，考察一下客流量的情况。一天下来，总体看来还是满意的。于是我和妈妈以及家庭成员开了个小会，就这么确定了商店的开业，就此结束了妈妈辛苦打工的生涯。

"祺来顺商店"就是妈妈小卖部的名字，这个名字是我起的。"祺"的寓意就是平安顺心、吉祥如意、健康快乐地成长，我认为很好。不论成败，小卖部的开启也算是我们家进步的一个体现吧，老天是不会辜负勤奋而努力的人。"祺来顺商店"开张后我们集资了几千块钱进货，很快生意就红红火火，真的是谢天谢地。

每一个不曾起舞的日子，都是对生命的辜负。

诚然，上帝为每一只笨鸟都留了一根相对低垂的树枝。努力一定会有回报，尽管我们一穷二白，尽管我们没有知识、没有文化，更没有什么靠山和社会经验，但是我们勤奋、我们积极、我们努力、我们诚信、我们感恩……自从我们在太原有了自己的房子，我们不惧风雨、不惧困难、一往无前，相信团结的力量，相信有梦就有希望，我们要努力奔跑，要去追求更大的梦想……

2024年7月11日，我在太山景区游览时拍照留念。

立业成家

2006年年底，我开启了创业的大门！

2009年农历腊月初九，我迎来了我的人生伴侣——任芳。

"成家立业"出自宋代吴自牧的《梦粱录·恤贫济老》。古人讲究先成家后立业。成家意味着必须独当一面，意味着真正的成长，意味着有了责任。有了责任和羁绊再去立业，就更有目标，更为谨慎，不会意气用事不顾后果，少了许多盲目冲动，更有利于创业。我2006年创业，2007年买了自己的第一辆面包车，2009年买了第二辆车——别克君威轿车，可以说实现了白手起家、三十而立的第一个目标。

而立之年的我通过努力收获的成绩在同龄人中也算是小有成就。一穷二白、无依无靠的我能够坚持下来，靠的是清晰的定位和对客户的感恩所带来的持续支持。我这么多年的良性发展真的要感谢每一位帮助过我的贵人。

近两年，市场紧缩，消费降级，客户订单数量减少，利润无止境地降低，让我进退两难、骑虎难下。因为市场环境不景气等原因，我近期一直在思考转型问题。

每个时代都有每个时代的高附加值产品。智能手机的普及让依靠

2009年农历腊月初九，我的婚礼在太原举行。

这张照片中站在我身旁的妈妈是我见过最漂亮、最开心、最欣慰的妈妈，这是一张具有纪念意义的照片，象征着父亲过世以后，在妈妈的带领下，我们兄妹三人陆续完成了婚姻大事。

信息不对称赚取利润的机会一去不复返,让我看不到希望,真是绝望至极。

但是,绝望的时候,往往是新的希望正在孕育当中。日月逝矣,岁不我与,但行好事,莫问前程!

2010年1月23日,结婚当日,我和爱人任芳在宴会厅门口迎接亲朋好友的到来。

我的半边天

勤俭是治家之本,和顺是齐家之本,谨慎是保家之本,诗书是起家之本,忠孝是传家之本。

有一句老话说得特别好,"妇女能顶半边天",对于一个家庭来说,女人真的是非常重要的。俗语说:"好女人旺三代,坏女人毁三代。"女人的修养和品质影响着一个家的命运。一个好女人能够体贴拼搏的丈夫,也能够给孩子创造一个温馨的家庭。善良而温柔的女人

2020年2月,我爱人和儿子在太原的姐姐家里下跳棋。

2021年2月9日，昔日人潮涌动的外滩显得冷冷清清，我和妻子在繁华的陆家嘴和灯火辉煌的南京路的游览就像专场。这是我们一家四口第一次在上海过春节。

2020年10月1日，因为孩子上学原因我们两地分居后，妻子带着女儿来到上海和我过中秋节。这是我不经意间拍摄的妻子照片。

是家里的珍宝，女人可以不美，但是一定要善良。细细品味，你会发现，越是宽容的女人，往往幸福指数越高。她们没有什么野心，总能在平淡的生活中活出烟火气。越是厚道的女人，越能给家庭带来福报，这也是一个家庭一辈子的财富。或许这个财富老天就赐予我了。

上天馈赠我一位贤妻良母型的美少女，至今我都感觉万般幸运。每一位努力拼搏的男人背后都有一位善解人意的女人。在我们谈恋爱的时候，我的爱人就能够与我同甘共苦，对我的任何想法都无条件支持的。因为我们都出生于农村，淳朴善良的品质扎根于内心。2008 年，我们通过朋友认识；2009 年，我租了一个占地约 $300m^2$ 的工厂，刚刚租到的厂房破旧不堪、乱七八糟。在这样的艰苦条件下，爱人不嫌弃、不抱怨，愿意与我共患难。在我们结婚的时候，我们的生活条件已经有了很大的改善，有约 $100m^2$ 的房子和两辆车，在当时还算是可以的。

2011 年 8 月，我们迎来了爱情的结晶，我们的喜悦不言而喻。宝宝胖嘟嘟的小脸蛋泛着健康的色彩，还有一双明亮的眼睛。她给这个家庭带来了无比的幸福和快乐。

光阴似箭，日月如梭。一眨眼，爱人的产假到期了。由于爱人在一家三甲医院担任护士，宝宝出生后她向医院申请调换到化验室，那里或许轻松一点。尽管有父母的陪护，她仍然无法很好地兼顾看护宝宝的任务。将就了几个月后，爱人向我提出了辞职的想法，当时我对她的这种想法感到火冒三丈又不可思议，想想进这样一个好单位是多么困难的事情啊，工作没几年就要辞职不干，简直是荒谬至极。

我说看护孩子的事情我妈妈也可以帮忙，或者可以向医院请假，有很多种解决方案，为什么要选择辞职呢？为此我们大吵一架，甚至还惊动了我的岳父岳母。尽管我百般劝说，她仍坚持辞职，最终我还是无奈地接受了。我想这种行为简直就是"一根筋"的代表作。

这是中秋节时，调皮捣蛋的儿子在"拜月亮"的照片，他也许是在许愿尽早合家团聚吧。

若干年过后，她全心全意看护孩子的学习和成长，把这个家里里外外的琐事处理得井井有条，我在外面安心地努力奋斗。事实证明这是一个正确的决定。

2019年11月，我在日本游学的时候，有个日籍华人对我说："日本在大发展的时候就是你这个状态，妻子管内，丈夫在外打拼。"我内心希望自己的家庭也能够有好的发展前途。我的妻子是一个勤俭、诚实、忠孝而又没有坏习惯的勤奋之人。家里被她打扫得干干净净、整整齐齐。和我生活这么多年，她自己没有买过像样的化妆品，没有买过昂贵的衣服、首饰或是精致的包包，也没有高跟鞋。因此，我每次出国总是优先考虑妻子，如Gucci围巾、Cartier戒指、玉手镯以及一些衣服、包包等，我都愿意为她精心挑选。生活中我们彼此关心、彼此深爱，又很默契，虽然我们并不富裕，但是生活得有滋有味，幸福快乐。

2018年年底，我们买下了上海市中心内环边价格不菲的"老破小"。在购买前征求妻子的意见时，她一如既往地支持我。房子买好后，我

2018年暑假期间，我和妻子带着两个宝贝自驾游，在北京游览结束后来到饭店吃烤鸭。

人生篇 / 043

们就开始紧锣密鼓地咨询和办理上海居住证以及装修等，我突然感觉"有个称心如意的妻子就是一个人最大的财富"。2019年房子装修好后，2020年年初，疫情肆虐。我抓紧咨询孩子的上学问题，然而还是错过了报名时间。上海的报名时间与山西太原的报名时间不同，一筹莫展的我开始求助每一位熟悉或有过接触的人。在朋友的帮助下办妥了儿子小学报名的事情后，却无法解决女儿转学的问题。2020年女儿的转学成了我无法克服的困难，尽管我努力求助了千千万万熟悉而又陌生的人。结果当年还是没有解决女儿转学的问题，导致我们一家两地分居了半年。2020年，我投入了太多的时间和精力在女儿转学的事情上，这个过程可谓经历了"九九八十一难"。历经千辛万苦，最终于2021年年初转学成功。没有经历过的人无法想象这个事情的艰难曲折，我不知道是什么信念支撑着我。过程中的起起落落，反反复复考验着脆弱而又坚强的我。我已经做好再办不成我就打道回府的最坏准备。

在准备付出一切努力甚至卖房子也要办成这件事情的时候，在一个勤奋、善良、感恩而又诚实努力的人下定决心要办事情的时候，奇迹总会出现的，坚信"功夫不负有心人"。

越努力，越幸福！

2024年6月25日，我参加华东理工大学商学院2024届学生毕业典礼暨学位授予仪式。

人生篇 / 045

适时归零

适时归零可以督促一个人不断进步。

星光不问赶路人，岁月不负有心人。

高度的自律，不断的进步，让人无所畏惧，不断地努力学习，不计成本地投资自己。不在乎他人的眼光，拉黑一切嘲笑我追求上进的人。一个有梦想和志向的人常常会有多个归零时刻，每一次的归零在若干年后都会带来一个爆发式的成长，不论这个成长最终是成功还是失败，都是值得每一个人去尝试和挑战的。只有敢想敢干、大胆地去做，才会得到丰富的经验和失败的教训，要具备志存高远且脚踏实地的坚定信念。

关于人生归零的观点，我认为主要有两种：一种是"被迫归零"，另一种是"自愿归零"。"被迫归零"的人可以说是"躺平"的人，他们面对竞争压力，选择逃避，放弃努力。没有正确的世界观、人生观和价值观，周边亲朋好友也大多属于负能量、没有知识、没有文化的群体，放纵自己随遇而安、顺其自然地虚度每一个日日夜夜，当一天和尚撞一天钟，无所事事地活着。

"自愿归零"是我重点关注的话题，这是一种正能量、催人奋进的力量。如果一个人选择了"自愿归零",那么他一定具有目标的明确、敢想敢干的信念和沉着冷静、居安思危的决心。思索许久,我很难找出"自愿归零"的案例,自愿归零的人确实寥寥无几。许许多多的人又非常羡慕、仰望那些德智体美劳方方面面貌似完美的人士,当然我也是当中的"吃瓜"群众之一。但是我觉得我是介于"被逼归零"与"自愿归零"之间的一个群体,我选择了刻苦努力,放弃享受,不断地奋发图强,要求自我进步,享受着努力过程中的"枪林弹雨"。

话到嘴边停得住,苦到舌尖吃得消,急到眉燃定得了,困到绝望行得通,烦到心乱耐得住,屈到愤怒受得起,喜到意满沉得下,怒到发指笑得出。

归零是一个大方向,其实我们每天都在做归零的事情,甚至做的每件事都在归零,关键的问题是有没有去总结得失。或者说有没有每天问自己"今天进步了吗,进步体现在哪里"。每每我们想到一些成功人士,他们的言谈举止或者思想创新等都是那么的令人向往,他们所取得的成绩足够他们躺平潇洒地生活,但他们还是对自己的事业有着极高的标准,对家庭负责、对健康负责、对知识渴求甚至对自己的身材都保持着持久永恒的苛刻。

我们华东理工大学"狼徒腾跑步社团"在2021年苏州米堆山开展了一次三天两夜的拉练,每个人在训练的过程中增加了如人工心肺复苏等一系列的专业知识。令我印象深刻的是一位学长分享的服饰搭配经验,她用自己本科所学的广告色彩学的理论为我们讲述了全身上下、从头到脚的衣服以及色彩相互搭配的全过程,让大家受益匪浅。作为一个热爱生活、热爱学习、努力呈现更好自己的有志青年,我深刻感受到这样看似微小的细节实则至关重要。我们在大学、社会、家庭中能够学到各种各样的知识。与狼共舞,一起吃肉;与羊共舞,只能吃草。要想打造一个更好的自己,就要时刻归零,与比自己更优秀的人在一起共同进步。

客厅配上大阳台堪称完美。小门窗大智慧,不同的建筑洞口有多种门窗的设计,需要我们静下心来慢慢思考。营造一个温暖而恬静的家是大多数人渴望的。

社保的重要性

但行好事，莫问前程。

保持善良，利他者无敌。

古希腊学者阿基米德曾经说过一句话："给我一个支点，我就能撬动地球。"这就是物理学中讲到的杠杆原理。在生活和工作中我们一样可以受此启发摸索出新的思路，2008年，我通过一个比较新颖的产品认识了一位设计师，这位设计师又介绍我认识了一位新客户。人与人的相识、相处都是缘分，就和找对象、谈恋爱一样看眼缘和举

2023年6月10日，我在上海交通大学徐汇校区操场训练后合影。

木索的细节体现。纯实木门窗装饰工艺细节。

止就可以确定能不能相处、愿不愿意相处，客户和商户也是如此。

十多年的相处让我受益匪浅，收获颇丰。每当我在职业发展过程中遇到困惑，生活、学习中碰到困难，总是会第一时间请教这位看似客户实则是导师的朋友。

生存在这个社会里，每个人都会遇到愿意主动帮助自己的贵人。这个人在什么时间点出现，在什么状态下显露，你需要做什么才能得到这样的眷顾，这一切都是未知数。只要你坚持"但行好事，莫问前程"的心态和行动，这个人就肯定会在不经意间出现。我在和这位客户交往的过程中也会聊一些家常事和双方的职业专长，客户扎根于国家社保行业，而我又对保险一无所知甚至有些抵触和不信任。

我作为一个小小的个体户创业者，2001年中专毕业时，我的人事档案放在了太原的一个商场。当客户知晓我的情况后，便主动给我普及社保知识和社保的重要性，详细讲解了医疗保险、养老保险等各项内容。实际上之前也有人给我讲解和推销保险，我都是不屑一顾，很淡定地拒绝了。而这次我却肃然起敬地用心听讲，全神贯注地领会客户给我普及社保对一个人的必要性。随着知识的增长和接触不同层次的人，我在同一个问题上有了不同的收获和理解。21世纪初期，很多业务还没有电子化，当时的社保我记得还是一个红色的小本本，采用的是原始的手写方式记录。

在客户的专业指导下，我很快就把原先的社保补缴起来并且一直保持缴纳状态。很多情况下，我们在勤奋努力工作的过程中一定会遇到主动帮你的人，尽管这个社会有时很肤浅，有时也让人无奈，但是热心肠的人必定存在的。

产品有好坏之分，人亦如此。一个人只要努力进取，总能遇到有文化的高级知识分子，他们非常愿意帮助积极上进的人。此外，有重要的事情，在自己很难做出决定的时候，我总是请教这位客户。当然，特别重要的事情我会请教两三位重要人物。

2020年我最艰难的时期就是通过各种渠道、克服各种障碍和艰难困苦将儿子送到上海读书。然而，老天给我开了一个大大的玩笑，我使出了浑身解数也没有在同年把女儿转学到上海。事实摆在眼前，要么分居两地上学，要么放弃一年所有的努力成果，把儿子转回太原和姐姐一起上学，那样的话所有的努力便付诸东流。我请教的几位前辈起先意见各不相同，其中的利弊都给我讲得清清楚楚，最终几位前辈给我分析了各种的利害后还是建议我去上海陪儿子读书，在此基础上想办法解决女儿的转学问题，综合考虑下来，我还是采纳了这个建议。

2020年至2021年，我费了九牛二虎之力，经历了"九九八十一难"，疲惫不堪、心力交瘁、神经衰弱，并克服重重困难，于2021年年初成功解决了女儿的转学事宜。一个人在成长的路上会遇到形形色色的问题，我们需要找几位社会经验丰富的前辈为自己指点方向，方可少走弯路，一步一个脚印地向前进。

2024年6月16日，我和同伴们沿着徐家汇、武康路、淮海中路、复兴中路等路线晨跑后合影。

持续学习

为什么要学习？为什么要努力？

每个普通百姓都在努力活成自己想要的样子。"越努力越公平"的道理谁都懂，可是有的人出生就是贵公子，有的人出生却是光脚汉。

2021年春节，我在上海过春节时写的祝福语是"金牛祈福"，来默默祈祷女儿转学成功。此时，我还没有接到女儿张嘉芷转学成功的消息，只能为转学做着所有的准备。这个春节过得无奈又忐忑。

在上海，每当我扎在一堆人才里，听着他们出口成章、满口金句的时候，都会担心他们会不会嘲笑自己。

每当别人说着一口流利的英语，侃侃而谈世界历史时，我有时会觉得"万卷书和万里路"与自己毫无关系，更不要妄想"阅人无数"了。万幸的是，这个社会还给我们在夹缝中留了一道努力的光。我们可以从两位名人的身上体会同样的光环下不同的人生。在演艺界有两位被很多人尊敬的成功艺人——姜文和陈道明，但是他们的起点却有着天壤之别。

姜文19岁就进入社会工作，在机械厂干体力活，每天纠结吃炒饭省钱还是吃炒面省钱。他羡慕房东每天睡到自然醒的悠闲时光。房东每天过着打盹、喝茶与看报的日子，他早上吃的炖肉的香味儿撩拨着姜文的味觉。而他那一地烟火的中年，却是活在讨老人的欢心、做儿女的榜样、关注爱人的脸色以及迎合上司的心思中。中年人的浪漫与梦想仅仅是一个牌坊，最终时间冲淡了所有，百般努力换来了云淡风轻。感恩这个社会给予了我们努力的机会，在敬畏坚守、敬畏雅致、敬畏从容、敬畏豁达的同时，我们收获了进步与尊敬。

而同样被认可的陈道明却截然不同。陈道明出生在一个中医世家，父亲燕京大学毕业后在天津医科大学教英语。陈道明少年便有了当律师、外交官和医生的理想，从小就有人生规划。高中时他为了能留在城里，不得已报考了话剧团。陈道明也许是一个普遍又独特的例子。他的早年生活不用去奢望炖肉的香味，也不用或较少去妥协各种无奈。他的中年可以去享受钢琴美妙的旋律和诗词散文带给人生的美感的升华，可以心安理得与爱人在寂静的房间做自己想做的事情：画画、弹钢琴、吹萨克斯、练书法、下棋等。这样的人生是多少人羡慕而又景仰的生活，也许这是一个人的命运所致吧。不同的命运注定了不同的努力拼搏。

所以，我深深地体会到不同的命运需要配合不同的努力。为了让自己，让下一代、下下一代活得更好更有尊严，我们还是选择了加倍努力学习与拼搏。

关于"教育要与时间赛跑"的思想，我特别要分享的是我努力为

2021年春节期间，我在上海家里书写了"金牛祈福"。

女儿转学到上海的故事。作为一个初来上海者，并且是一个对当地教育政策一无所知的平民百姓，也没有去深入地了解政策，只知道这个事情非常难，但是万万没想到难到让人潸然泪下、无所适从。从时间上来考虑，我完全可以再等一年，那样没有一点难度就可以办好。可是为了孩子能够更早地融入上海环境，我还是选择了"教育要与时间赛跑"的理念来对待这件事情。

每个省份都有每个省份的教学方式、方法，每个学校都有每个学校的教学模式和氛围。换个城市会接触不同的教学理念。孩子越小适应能力就越强，这是一个铁的规律，就像我们平日的工作和生活一样，每日事每日毕，每日事每日顺，每天的事情越早办理就越好办理。如果什么事情都往后拖延，那一定是夜长梦多，事情会越来越难办。

通过为女儿办理转学的事情，我在小升初的学校选择、对教育政策的理解以及各方面环境的适应等方面都有了一个很大的提升。这样我就有了更多的时间去了解各种流程和注意事项。

我在教育方面的考虑是非常超前的，很多成功的朋友或者有远见的客户谈起这个事情都是对我赞不绝口。不论这种夸赞是真心的还是恭维的，我都觉得是一片真诚。因为在我的交际圈里基本上没有虚情假意的人或者酒肉朋友，更没有语言的巨人和行动的矮子。平时我也是这样要求自己，一定要成为问题的终结者，而且要立刻行动，绝对不能拖拖拉拉、含含糊糊。我要求自己成为一个执行力非常强的人。

2021年6月6日，华东理工大学商学院硕士研究生新生见面会。

奔赴上海

什么叫幸福？

有人说：城里有个家，农村有个院子，自己喜欢的城市有套房。再完美一些或许是有辆能代步的车，虽然不是大富大贵，但是满足日常开支，有一定存款；父母虽渐渐年长，但身体健康；伴侣不一定好看，但是顾家；孩子不一定成功，但是要有正确的三观。我貌似和幸福沾了一点边，也在努力地更加靠近幸福与美满。

谈到上海，要把时间拨回 2018 年，虽然我以前也多次去过上海，也特别喜欢和向往上海，却从来没有妄想过能在上海安家，毕竟魅力无限的魔都不是一般人能够立足的。所以，对上海我一直望而却步。2018 年同济大学组织的高级设计研学班欧洲学习半月游之旅，开启了我和上海的渊源。

在疫情之前，每年的 4 月，意大利米兰都会迎来一场盛大聚会，汇聚全球高端设计师。因为那里有代表世界前沿的装饰材料和家具家电，还有"米兰设计周"盛宴，分享全球顶级的成功设计案例。

每年意大利的盛会我都是积极的参与者，只是每年跟随的团不一

原始户型

平面布局

2018年，因为去帮王恒设计的这个房子维修门窗，我看到了"小房子大设计"的完美案例，所以购买了上海同类型的"老破小"。从此，在上海过上了跟从前一样的辛劳生活。

2018年4月,我随同济大学研学班在意大利博洛尼亚大学学习(左)并在米兰理工大学学习(右)。

样,时间大多都是7天左右,主要是参观展会以及游览欧洲的著名城市。而同济大学的这个团与其他团不一样,时间上比其他团翻了一倍,是15天的研学。而且研学项目中又添加了拜访欧洲的一些著名建筑设计事务所和参观更多的建筑案例,更注重与设计师的交流和提升。

在这个研学团里我结识了朋友王恒,回国后我们联系得相对多一点。主要原因是在15天的研学时间里我们接触的机会相对更多,也有了一些简单的了解。在交流的过程中我们彼此介绍了自己从事的行业,突然就聚焦到一个点上,他说在上海刚刚开了一家分公司,需要配套门窗,希望我可以在上海开个门店一起开拓上海的市场。其实早在2013年,我就认识了一位做户外家居的朋友,她多次和我沟通,让我与她合作,在她600余平方米的展厅里布置门窗阳光房。

机会就这样机缘巧合地碰到了一起,说干就干,我从意大利米兰飞回上海后,直接前去朋友那里面谈展厅合作的事情。由于在回国之前已经有过初步的交流,面谈只是确定如何落实和时间等问题,在协商好合作模式后就开始出方案,定样品。两三个月的时间,展厅样品就安装到位,可以正常接待客户了。我们都是说话干事靠谱的人,没

我在日本、德国、意大利、瑞士等国参观访问的点点滴滴。

过多久她上海公司的负责人就联系我，有个高层楼中楼装修需要对接门窗阳光房。这个案子没有见到甲方客户，所有的图纸都是和设计公司对接，而且付款也是由有设计公司给我支付。这个案子的金额还算可以的，采用的质量品牌和配置都非常高，我的配合也特别好，自此开始了我们愉快的合作。

上海购房的导火线

随着项目的配合落地,王恒的另一个已经落地的案子中有个门窗出现些小问题,请我帮忙过去处理一下。我当然义不容辞地前去解决。因为这个案子要进行拍摄宣传并参加评奖,所以我把手头的事情先放一边,重点先解决他们要拍摄的那个。门窗的问题对我来说轻车熟路,没几分钟就处理好了。

这套房子的设计真的是让我大开眼界,不可思议地将一套仅 $30m^2$ 的"老破小"设计得完美无缺。真不愧是东京大学的高才生。他极高的专业性颠覆了我对"老破小"的原始观念,让我发自内心地佩服。

在为他解决门窗问题的前一段时间,我也看过一个类似的"老破小",地理位置也特别好。但是价格高得离谱。我看这个"老破小"的原因是我在上海展厅的合作者欠我的钱,说她有个小房子,问我要不要,我看了两次都说不要,又小又贵,我一家四口人根本无法居住。直到我见了设计师的那套"老破小"的作品后,我脑子里开始回想合作伙伴的那套"老破小"。

阳台推拉窗的表现方式之一。

在上海展厅合作的过程中,我借给了这位朋友 50 万,她说两个月后按照一分的利息连本带利还给我。我说不用利息,都是朋友,在一起合作就算帮忙了。在此期间我免费住在她的另一套房子里,房子很大,有 $160m^2$ 左右,是三室两厅两卫的大三房,在浦东芳甸路附近,小区的卫生、安全都是一流的。我又开始思考她的"老破小",两个多月过去了,但是她没有主动还钱的意思。前一段时间,她带我看她那套"老破小"的时候就问我想不想买,只是我没有看上。既然如此,又有了同样房子的设计,不如买下来好了,将就一下也能住下我们一家人。于是谈好价格,我进行了一番操作,在同年12月就全款把房子买了下来。紧接着,我就开始办理全家人在上海的居住证并着手装修房子,从此我们一家在上海有了一个落脚的地方。

千难万险,千辛万苦

关于幼升小报名的具体时间,不同的城市有不同的规定。2020年我儿子幼升小的时候,由于疫情的原因,我人在太原没办法去上海提交相关报名资料,等我克服困难到上海后,报名已经结束。到了上海,我就着手办理孩子补报名的事情。此时,我在上海才一两年,人生地不熟,主要依靠我的上海合作伙伴杨女士。我对上海的教育政策并不了解,导致耽误了报名。我抓紧时间找熟人咨询补报名的时间和办法,这个事情没有遇到太大的困难。我按照熟人的指点把报名所需的各项资料准备好后,到了补报名的时间,就顺利地办妥了。

真正遇到困难的是女儿转学。女儿的这次转学让我经历了西天取经般的艰难困苦和千难万险,在我最后将要放弃的时候,才看到成功的曙光。

有句话是这么说的:绝望之中孕育着新的希望。对我们家而言,2020年是至暗时刻与锦绣前程交织的一年。我把儿子的上学问题解决后,女儿的转学没有办成,这就意味着我们家要两地分居了。因为我有两个孩子,长辈也没有时间来帮我接送孩子上下学,而我是一家之主,家庭的收入来源只有我一个人,这就是

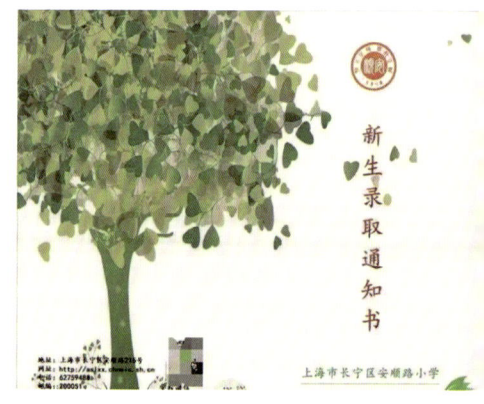

2020年,儿子张嘉舻收到上海小学的入学通知书。

2020年2月,我与儿子在老家的快乐时光。

我的困难所在。

2020年暑假,我们全家都在焦急地等待女儿转学的消息,已经到8月30日了,还没接到学校电话。这时候,我们已经绝望了,就抓紧时间订购回太原的车票,订了30日晚上6点多的火车。当天下午我和儿子把妻子和女儿送到车站。在她们快要进站的那一刻,我的内心特别凄凉与无助,实际上已经是泪奔的状态了。

怀着心烦意乱的情绪,我和儿子回到家。或许挫败和失望也是一种解脱,我们要开始一段心乱如麻的新生活。回到家里安静地躺在床上,我再也不去翻阅通讯录、电话簿,更不用绞尽脑汁地评估哪个人有可能帮我了。这种无奈的解脱虽然很消极很无助,但是我觉得也该安静安静了。

2020年8月30日晚上9点多,一个陌生的电话打了进来。

对方:"您是不是张嘉芷的爸爸?"

我:"是的。"

对方:"我是某某学校的校长助理,想了解一下孩子的情况。"

我:"因为一直没有学校的消息,孩子下午乘车回太原了。"

对方:"教委的要求是两周内必须在上海。"

我:"这个我知道,我家儿子幼升小已经提前15天来上海了,这个政策我是了解的。"

对方:"那就没办法了。"

我:"好的,谢谢您。"

挂了电话后我的内心久久不能平静,我想问老天爷为什么要这样戏弄我？我工作勤奋，积极上进，生活勤俭，作风优良，我想让孩子得到更好的教育，让他们有更好的未来，难道这样做有错吗？本来已经是平静下来的我，被这个电话搅得局促不安、心乱如麻。

两地分居

2020年9月1日，我的儿子在上海某小学顺利入学。至此，我开始了和儿子张嘉航相依为命的父子生活。小家伙6岁时踏入了陌生而又向往的城市，开启新的学习生活。我的家庭是四口之家，我和妻子拥有一儿一女，我把这个家庭定义为美满幸福，儿子是妈妈的小宝贝，女儿是我的小棉袄。在太原，晚上我们睡在一个大卧室里，两张大大的并排床，两个宝贝一直不接受和我们分床睡，这个时候姐姐已经上小学三年级了。我问她什么时候可以自己睡觉了，她支支吾吾地回答说要等到四年级。

然而，这一年，残酷的现实把我们一家四口分隔在千里之外。还没有等到四年级，姐姐就被动分开睡觉了。奶声奶气的弟弟也和她亲爱的妈妈短暂分离了，也许这就是生活该有的严酷。

懵懂的小男孩适应能力非常强，在学校的表现也是棒棒的。儿子放学回到家里，我也是对他高标准、严要求。小学是养成好习惯的最佳阶段。回到家后，我让儿子把书包和要写的作业整整齐齐地摆放在书桌上。首先，我让儿子认真完成学校老师布置的作业，剩下的时间让他观看"伟人的故事"。

在妻子面前调皮捣蛋的小家伙，在我这里就是一个听话的乖乖鼠，我成了做后勤的奶爸。晚上睡觉的时候，我们父子俩紧紧抱在一起。虽然我们家被迫分居两地，但是我感受到了孩子在不同的成长阶段中给我们带来的不一样的甜蜜。

2020年,我带儿子张浩航在上海中共一大会上参观学习。

记得有一天半夜,儿子在床上翻来覆去、滚东滚西,把我吓出了一身汗。我摸摸他的额头,没有发烧,睡觉前也没有任何不良反应,我惊慌失措、束手无策。滚了几圈后,儿子突然爬起来直奔卫生间,原来他是晚上喝水喝多了被尿憋的,这下我才安下心来继续睡觉。

还有一次,我在同济大学上课,参加一个室内设计师的高级研修班。这个研修班请了几位行业内比较有名的老师来讲课,有的老师从心理学的角度讲设计创新,有的老师讲设计照明,还有的讲设计与色彩搭配等。我在同济大学上课,儿子放学后也没人看护,所以,我就带着他一起到同济大学上课。也许是我的照顾不周,儿子感冒了,我督促他多喝水,然后他开始大口饮水,我见他上好几次洗手间。那里有一间不大的空教室,里面有一个大屏幕可以看动画片,课间有各种小吃,还有一个教务老师陪他聊天。果然,第二天,儿子的感冒就好了。小家伙有时候也是一个堂堂正正的男子汉。在我工作正忙的时候,他一个人上学,一个人回家。有一次,我在外面工作到很晚才回家,宝贝也是一个人待在家里,他完成各项作业静静地等我回家。

我是家里唯一的经济来源,我很清楚再这样下去会影响我的工作。秋收快结束了,在10月20日,我把妈妈从太原请过来帮忙应急看护一下儿子,接送儿子上下学,照顾他的衣食住行。妈妈从农村来到大城市的适应能力也是非常强。她独自坐火车来到上海。我从车站接回妈妈后,交代了儿子的学校地址和日常注意事项,第二天就出差办事

2021年,女儿张嘉让转学上海后参加舞蹈比赛的合影留念。

了。这是儿子第一次和奶奶单独生活。我出差后没两天,儿子就哭哭啼啼地说想爸爸了,晚上忙完工作后,我们一家人开始视频。我刚打开视频,一家老小就哭成一片。面对身不由己的现实,我们只能适应,下半年也是我业务比较繁忙的时段,频繁出差已经是常态,儿子无助的哭泣也变成常态。

然而再次出差就没有第一次那么痛快了。因为我出差大部分都是乘坐晚上的火车,这样经济实惠又不耽误时间,晚上出发第二天早上就能到达。第二次出差时,儿子又哭又闹地挡在门口不让我走,我也特别理解可怜的小家伙。我和儿子还有奶奶都哭成一片,但是又没办法改变。我们每个人都看过关于留守儿童的电影和电视剧,没想到我努力了这么

2020年10月,奶奶在上海陪伴孙子张嘉航时的合影。

多年也要亲身感受一下这番不堪回首的情节,尽管是短暂的,可这种内心的憔悴让人无法接受。晚上,我躺在火车的卧铺上,儿子发来微信嘘寒问暖,一会儿问吃饭了没,一会儿又让我多喝点水,我也是简单地回复一下,没有过多的言辞,只是希望他吃饭完成作业后早点睡觉休息。然而事实相反,他一点睡觉的意思也没有,反而打电话过来,

我难受地把电话挂掉。儿子坚韧不拔地继续给我发语音。

儿子:"爸爸,您为什么不接我的电话?"(哭泣无助的声音)

我:"车厢里还有很多其他旅客,爸爸不能影响别人。"

儿子:"现在还不到休息时间,我见过别人接打电话。"

我:"宝贝,早点睡觉。"

儿子:"我只想听爸爸的声音。"(哭啼的声音一直在持续)

我:"宝贝,爸爸过几天就回来了,听话。"

儿子:"爸爸,我求你了,我就是想和你说说话。"(一年级的宝贝还不会打字,他用语音给我发消息,哭泣的声音也越来越大)

我:"宝贝,爸爸的手机快没电了,你和奶奶早点休息吧。"(这个善意的谎言此刻显得那么的低级)

儿子:"爸爸,您就接一次电话好吗?"(我再也不敢回信息,其实我比他更无奈,虽然我更想听到他的声音)

儿子连续不停地给我发了多条语音信息,我都没有回复。那一瞬

人生篇 / 067

间,我何尝不想给他回消息?又何尝不想接通电话听听他的声音?我恨不得下车回家和他抱在一起睡觉、一起学习、一起玩耍。但是,无情的现实剥夺了我们该有的情感交流。

曙光乍现

时间不语,岁月不言,心亦安然。寒假将至,因为女儿的转学问题,我又到了寝食难安的时候了。

提心吊胆、心慌意乱、寝食难安、心乱如麻又一次笼罩在我内心,万幸的是我遇到了一位既专业又愿意帮忙的贵人。这位贵人提醒我学校报名和考试的时间和方式,以及插班生考试所需要的各种资料。2021年1月18日是学校插班生考试的时间,我让妻子带着女儿从太原过来参加这个难得的考试,尽管教育局那边还没有消息,校方的意思是把能做的事情先做了,不要耽误时间。考试成绩出来后,女儿语文和英语考得都很好,唯独数学考得不理想,这或许因为教材不一样吧,毕竟女儿的成绩在太原是班上前几名的。学校这边通过后就等教育局那边的消息了,其间这位贵人让我准备各种各样的资料,包括社保、房产、工作证明、孩子的转校信息、积分未达标的证明等。虽然没有给我准确的消息,但我貌似看到了一丝希望之光。

这一年,疫情仍然在继续,新学期的开学时间是正月初八,学校规定开学前14天必须在上海,所以2021年的春节我们全家就只能在上海过了。因为没得到女儿转学成功的消息,这个年过得是五味杂陈。时间一天天过去,我分分秒秒都感觉到无比的漫长和焦虑。2021年2月19日正是农历初八,也是开学报到的日子,直到2月17日,我都

2020年,儿子张嘉脆在吃西餐。

没有收到通知。我心想，如果再办不成，就放弃不办了。直到 2 月 19 日早上，我接到电话，让我带着孩子去学校报到。我长长地出了一口气，我感觉全身上下的能量将要耗尽了，突然一股暖流涌入我的身体，我又感受到了梦幻世界的万丈光芒。

2021年春节期间，全家人在上海外滩游览。

两个孩子在火车上学习。

欧洲研学

每每听到客户说要出国度假或者要去机场接回国的儿女,我内心就不由自主地产生一种酸溜溜的感觉,是羡慕、是向往、是崇拜,更是一种梦想。

作为一个农村长大的贫困孩子,我真的没有见过什么世面,更不要说出国了,甚至连这些话题都听不到。因此,我特别感恩自己从事的门窗行业,门窗私人高端定制让我接触到了精英客户,让我快速茁壮成长。门窗改变了我乃至我的家庭,更让我庆幸的是我赶上了中国房地产发展的黄金期。

2016年年底至2017年1月是德国慕尼黑国际建筑材料展览会的时间。那些年我感觉我已经脱贫了,从整体情况看,有车,有房,有存款,有儿有女,更有贤惠勤俭顾家的妻子,所以,"世界那么大,我想去看看"。于是,我就找到了我们门窗幕墙行业里的一家机构对接出国学习的事宜。这是我第一次出国,没有任何经验,但是机构的伙伴们轻车熟路,给我们每位队员都办好

2016年,我在德国参观 UNILUX 门窗工厂学习团。

2017年，我第一次出访德国，在德国慕尼黑国际建筑材料展览会大门前合影。

了商务邀请函。在出游的十多天里，我们不仅参观了德国慕尼黑的建材展会，更重要的是与很多家德国企业开展了学习交流。

2017年1月10日，来自四面八方的朋友陆陆续续汇聚北京首都国际机场。机构重点提示我们到达德国的城市是法兰克福，强调了飞机落地后的各项事宜。这次出行乘坐的是俄罗斯航空，在莫斯科转机后很顺利地降落德国法兰克福机场。这个机场与我们心中的预期大相径庭。在我们出了机场乘坐大巴车的时候，刚刚上车就遇到了三个年轻的壮汉，他们推挤中就完成了一次偷盗。这就是德国法兰克福当时的真实现状，这些人神不知鬼不觉地为向我们展示德国的另一面。

简洁大方的门窗展架。

来到德国后的第一站是著名的莱茵河畔，我们参观了德国法兰克福古老的建筑，且在当地吃了美味的中餐。此次出行主要的目的是去同行业的工厂参观学习，所以在晚饭后我们紧锣密鼓地开往下一个目的地——UNILUX门窗工厂。这家的门窗虽是个百年品牌，在国内也有销售展厅和营销团队。但是他们的品牌影响力貌似有限，没有其他德国门窗品牌影响力大，这也许跟他们的市场划分以及销售投入有关吧。在整个过程中，厂方仅仅允许我们参观了他们的工厂展厅，而不允许进入车间，这明显有点小家子气了。在门窗的技术领域，我国的发展速度已经赶超发达国家了，只是在管理和细节方面以及文化创新等领域需要再度学习与发力。

参观完UNILUX门窗工厂后，我们结束了第一天的行程，然后入住传说中童话般美丽迷人的德国小镇。这里的房屋没有市中心的雄伟壮观，但是高矮错落，建造风格、色彩搭配、夜景灯光、绿植配套都让人赏心悦目。房间虽然不大，可是设计简洁大方，看不到一点浪费的空间，细节做得美妙绝伦。

五颜六色的房子（2017年拍摄于德国）。

建筑与门窗带给人类的美感是循序渐进的。

第二站我们来到了拥有140年悠久历史的leitz公司参观学习。leitz的工作人员为我们做了详细的产品介绍，并且带领我们参观了他们的产品。

随后我们来到欧洲必打卡的胜地——瑞士莱茵河畔。瑞士是一个制表王国，富得流油。莱茵河畔聚集了世界名表的专卖店。我每一次去欧洲，瑞士莱茵河畔都是必去的，那里的大街小巷我都比较熟悉了。

当然莱茵河畔的中心位置还是当仁不让地属于大品牌：百达翡丽、积家、江诗丹顿、劳力士、爱彼、万国、卡地亚、宝玑、宝珀、朗格等，这里就是一个腕表的世界。

我也信以为真地在瑞士莱茵河畔中心地段的积家名表专卖店买了一块价值不菲的机械腕表。其实在购买名表这件事上，瑞士不是最佳的购买地，因为去的人太多了。名表的款式大都是限量的，而且会分发到全世界的分支机构再分配到每一家专卖店，每出一款新品不会无限制地制作很多块腕表。去瑞士买表的人太多了，新出的款式较早地被游客挑选一空，留下来的自然是一些老款。我能够看上眼的寥寥无几，能够从价格、款式、品牌等多方面符合自己的还真的要看缘分了。我买的那一块积家腕表简单大方，适合我的性格。这次来到欧洲也算是完成了我的一个购表小梦想吧。

这些表看得我眼花缭乱，转眼间到了吃晚餐的时间。在吃饭的过程中，有一个好朋友联系我，要我帮他带一块腕表回去。我就开玩笑说："我刚刚买了一块积家的腕表，价格合适，你要不要？"我把腕表的照片给他发过去，没想到他一眼就看中了。没办法，我只能再寻找自己喜欢的了。

在后续的考察学习中，我们也去了一些小的国家以及一些有腕表的大型专卖店，途经奥地利因斯布鲁克、阿尔卑斯等地时，我都注意观察名表的展柜。有一次，在阿尔卑斯山下的一家腕表店看了一款百达翡丽的腕表，价格与品牌都在我可以接受的范围，唯独款式让我犹豫不决。

其实我们做的很多事情，包括购买一件贵重的物品也是要看缘分的，百达翡丽的每一款都是限量的，然后分发到各个国家的专卖店。每家专卖店可能只有一块甚至还有可能分不到，这是再正常不过的事情了。有了前车之鉴的我，再看到自己中意的腕表可能就不会像前几次那样心神不定了。

整个行程都是大雪纷飞。尽管我出生在中国的北方，对于积雪并不陌生，但是真的没有见过如此连续的大雪。雪一直下，厚的地方已经超过我的胸口。我以前听朋友说过，但是没有亲眼见过。这次的出游让我领略了大雪纷飞的冰雪世界，还好我们的装备很好，在欣赏白雪纷飞的美景时没有感觉到冬季的寒冷。

这次到访的城市是慕尼黑，它是德国的经济与文化中心。在这里，机构给我们预留了很多观赏建筑和购物的时间。慕尼黑市中心的教堂周围是繁华的商业广场。我还是想购买一块心仪的腕表，转着转着就来到一家比较大的钟表行。入口附近，一个移民德国的华人主动上前与我搭话，问我是不是买表，然后和我一起进入钟表行帮我翻译。

我在钟表行转了两圈，看到那些昂贵的腕表放在豪华的玻璃柜台里，灯光照射在腕表最耀眼的棱角处，旁边紧靠的标价着实超过了我的预算，我只能望而却步，或者真的是只能随便看看罢了。也许是老板敏锐地看出了点什么，让翻译和我说："保险柜里有一款特别漂亮的腕表，您看不看？"我说："拿出来看一眼吧。"于是，老板戴好手套，漫不经心地从保险柜里取出那块腕表。老板取出来的瞬间，我已经感觉到这块腕表与我的缘分已经到来，我甚至不用再去揣摩它的每一个细节，或许这就是一见钟情，或许上次的那一块百达翡丽就是一个衬托。

在出国前，我向一位老客户请教是否要买一块腕表，因为他是一位收藏腕表的行家。他开玩笑地和我说："男人一辈子应该有一块百达翡丽。"于是我笑笑说："有个'积家'就足够奢侈了。"他点头赞同。其实我们购买一些奢侈品，更多的是能够在这些奢侈品的文化里学习和提升我们对生活的热爱。

从此，我也践行了百达翡丽的一句广告词："没有人真正拥有百达翡丽，只不过是为下一代保管而已。"

我在德国研学时与队员在 leitz 公司参观学习。

我在德国宝马公司参观。

节能大玻璃的大胆使用是美国苹果公司设计展厅的第一要素。

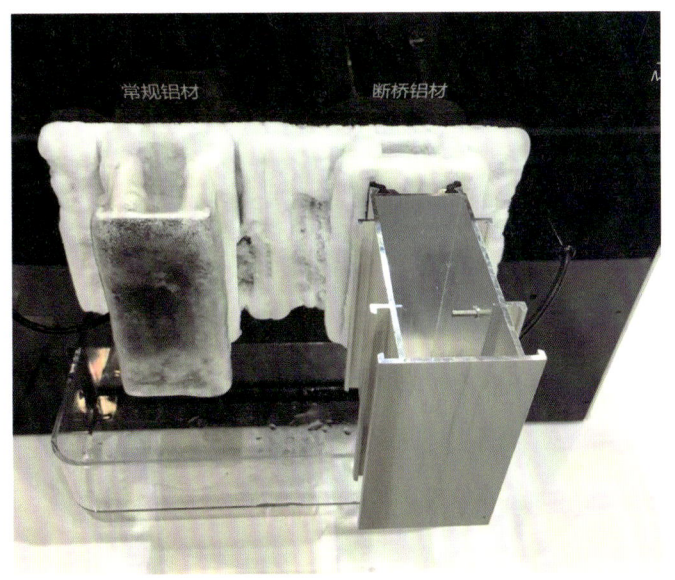

普通铝合金与断桥铝合金的实验结果：左边为普通铝合金，温度很容易传导；右边是装有隔热尼龙条的铝合金，隔温的效果很明显。

人生篇 / 079

太原马拉松

有一句话是这么说的:"一定要和优秀且经历多的人交往,你会发现聊的都是现实、格局和处世之道,而和肤浅的人聊天,除了攀比就是嫉妒和吹牛。"所以我交往的对象大部分都是长者和精英人士,他们大多是我的客户。这些优秀的客户分布在各行各业,很多重要的事情我都会咨询或者请求他们的帮助,听取他们的意见,只要是正能量的事情,我都会毫不犹豫地联系他们,就像这次"太原国际马拉松"的报名。首先我也有经验,我刚刚代表学校参加了"第十一届亚太地区商学院沙漠挑战赛"(以下简称亚沙)。而且在平时训练中,我的半程马拉松成绩也在2小时之内。

2023年4月20日,我收到一条官方短信:

> 亲爱的张文庆,恭喜您成功中签九牛牧业2023太原马拉松赛的半程马拉松项目,请登录数字心动APP或关注赛事主办方发布的赛事信息,按时参赛。祝您参赛愉快。

我的首次马拉松就这样成功中签了。

接下来就开始准备马拉松的装备。因为我在华东理工大学跑步已经两年多,装备自然是齐全的。为了我的首次马拉松比赛,我希望有

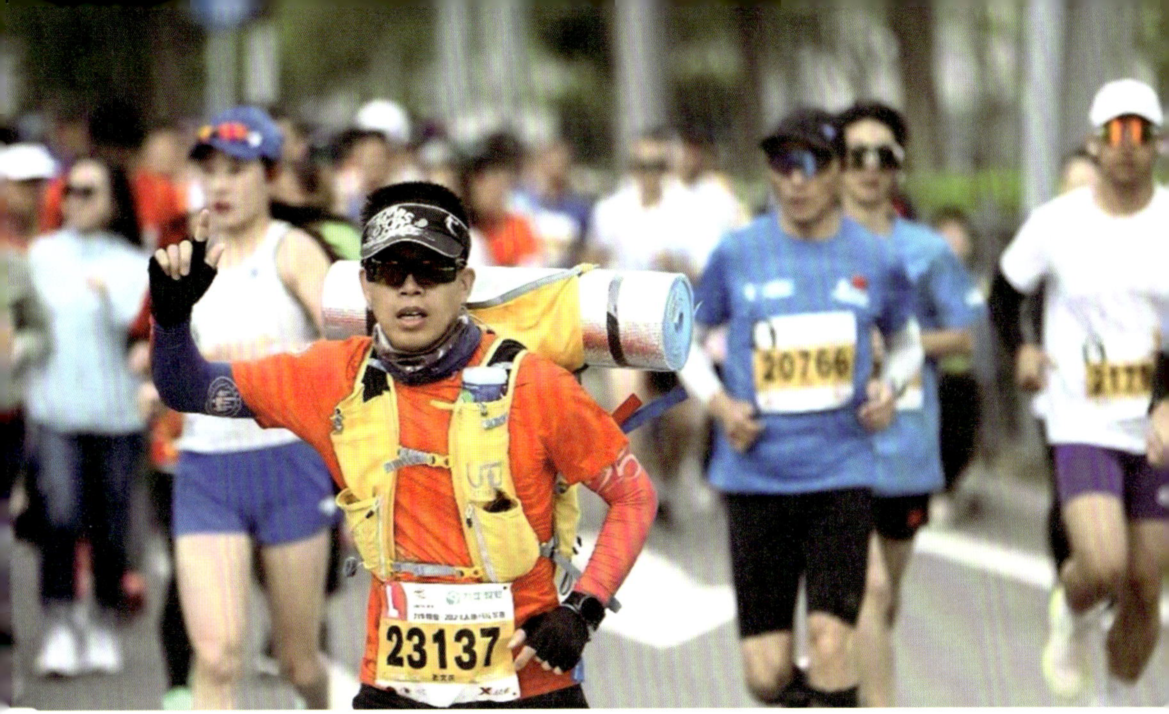

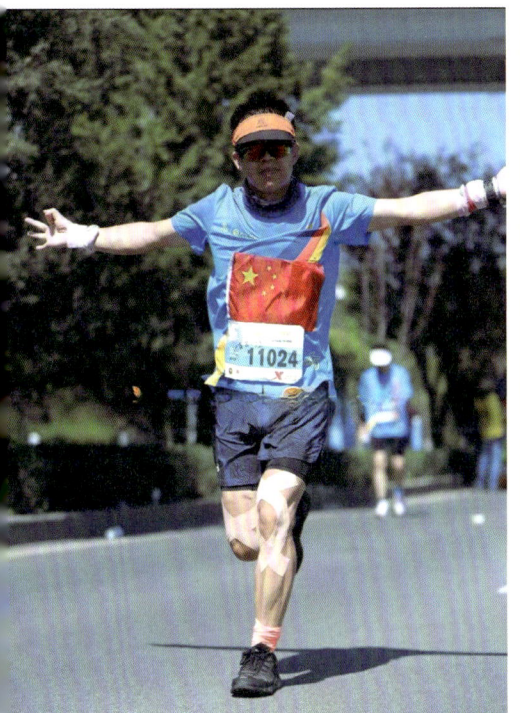

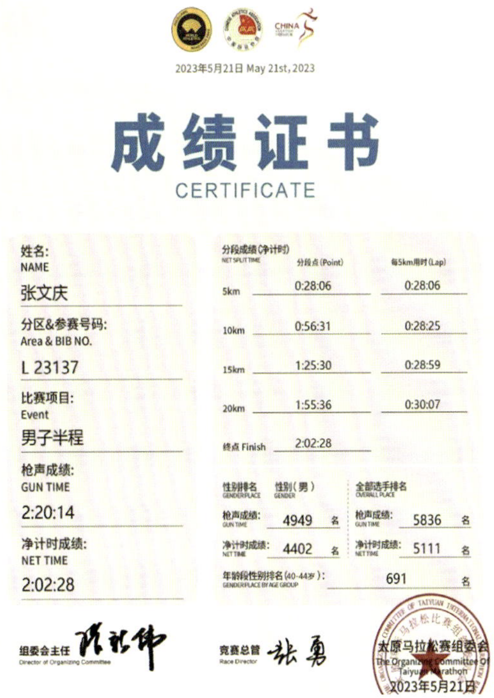

2023年5月21日 May 21st, 2023

成绩证书
CERTIFICATE

姓名:
NAME
张文庆

分区&参赛号码:
Area & BIB NO.
L 23137

比赛项目:
Event
男子半程

枪声成绩:
GUN TIME
2:20:14

净计时成绩:
NET TIME
2:02:28

分段成绩(净计时)
NET SPLIT TIME

	分段点(Point)	每5km用时(Lap)
5km	0:28:06	0:28:06
10km	0:56:31	0:28:25
15km	1:25:30	0:28:59
20km	1:55:36	0:30:07
终点 Finish	2:02:28	

性别排名 GENDER PLACE　性别(男) GENDER
枪声成绩: GUN TIME 4949 名
净计时成绩: NET TIME 4402 名

全部选手排名 OVERALL PLACE
枪声成绩: GUN TIME 5836 名
净计时成绩: NET TIME 5111 名

年龄段性别排名(40-44岁): GENDER PLACE BY AGE GROUP 691 名

组委会主任 Director of Organizing Committee
竞赛总管 Race Director 张勇

太原马拉松赛组委会
The Organizing Committee Of Taiyuan Marathon
2023年5月21日

2023 年 5 月 21 日我第一次参加半程马拉松，2024 年 9 月 22 日我首次参加全程马拉松。为了纪念这两件有意义的事情，我背负亚沙的装备驰骋赛场。

点纪念意义，当时我就想到了亚沙的装备——双肩包、睡袋、防潮垫、高山眼镜、帽子、手套，以及各种补给。

需要注意的是，这种赛事一般都是一大早就开始的，首先要考虑如何从住所到赛场，我当时计划的是打出租车。然而，到了早上却是出租车打不上、网约车叫不到，没有办法，我只好骑自行车去了。所以，为避免这种情况，大家要提前准备，未雨绸缪，多准备几个方案给自己选择。还有就是华东理工大学"狼徒腾"社团的学长提醒我们要注意的一些细节，比如碰到摄影师如何摆姿势、衣服如何搭配、墨镜款式如何根据自己的脸型搭配、帽子的颜色材质等。

每个城市每一次的马拉松都会有五花八门的参赛选手，他们在服装上会有特别个性的展示。也许是为了博得摄影师的注意，也许是为了给马拉松增光添彩，也许就是为了给自己留下美好的记忆。不论是奇装异服还是光脚跑步，都是对自己形象或毅力的一种挑战。

我这次选择的是负重前行，背起了我的双肩包、睡袋以及防潮垫，开始穿梭在太原马拉松的赛道上。着装也是我参加亚沙时的装备。好巧不巧的是，在赛道上遇到了我们亚沙的"沙友"——北京理工大学的宋煜同学，当时我不知道他是谁，我驰骋于太原马拉松的赛道，唯一的目标就是以最快的速度跑完，根本没有时间在赛道上聊天。因为我穿戴的是亚沙的装备，而且 5 月也是亚沙挑战赛刚刚结束不久，只要参加过亚沙的，对这身装备自然是倍感亲切。宋煜同学看到我的装备后，就加快速度赶上来，想看看究竟是亚沙的哪一位队员。我穿的衣服以及亚沙的吊牌都能看到华东理工大学的 LOGO，但他不知道我的名字。宋同学追到我后，就再次确认我的信息，问我："你是华东理工大学的吗？"我也没有回头，只是道了一声："是的，加油。"然后就再没有听到他的声音，直到跑完后，我才发现微信朋友圈、微信群以及好多同学都在私信我并发来背影照片,问我是不是在太原跑马拉松了。原来是宋同学拍了一张我的背影照片,发在我们亚沙微信群里,问大家这个负重前行的"沙友"是华东理工大学的哪位同学。貌似这张照片还小火了一把。

宋煜同学在微信朋友圈里是这样描述的:

太原马拉松,来自华东理工的"沙友",背着亚沙的强装在赛道驰骋,我只在一瞬间追上去看了一下行李牌,打了个招呼,之后再也没追上。

这身装备同样也引来了摄影师的注意。他不仅仅是拍照,还录制了短视频发在了网络上。有一天,我不经意间在抖音里看到了自己。这个摄影师是王一冰,他是这样描述的:

发现背包哥。路上发现一名背包哥,背了个大概35L的背包,外加一块单人地垫,这是为徒步做准备吗!看着像大神级的人物,就是不知道背包有多沉。

抖音的影响力和传播力的确大于微信。观看次数很快就已上万,点赞和评论也是暴热,有抖友评论说:

真有为了节约开支、睡公园的大神啊,太牛了,崇拜!

人家打算参加越野了,这仅仅是拉练。这是准备半路累了直接就地休息吧?

这是刚从2023年亚

太原马拉松赛场上,偶遇亚沙归来的"沙友"宋同学。宋同学把给我抓拍的视频发送到亚沙群里,这为华东理工大学做了一个正能量的传递。

人生篇 / 083

沙赛回来的吧？

这是越野跑错场了吧？

……

不论如何，我的首次马拉松还是愉快并顺利地完成了，最终成绩是2:02:28，第691名。

一次与众不同的马拉松。因为负重，所以个性，在微信朋友圈中反响强烈。

日本研学

这些年，我在学习方面投入了太多的精力和财力，尤其是游学方面的支出非常大。从 2015 年中国澳门特区的游学开始，到 2016 年德国的参观学习，2017 年意大利米兰设计展的游学，2018 年同济大学组织的意大利研学，再到 2019 年的日本游学，每一次都让我受益匪浅。

在这几次的海外游学过程中，我经历了不同的组织机构和不同的时间周期。总结下来的结果是：通过中介机构跟团的米兰 7 日游学的收获是最少的。在这五次游学中，有两次是参加意大利米兰的家具展和米兰设计周。90% 的出国游学团是参观米兰家具展后在周边游玩儿几天，草草结束，打道回府。从整体上看都是走马观花，看看街边免费的建筑和城市著名的广场，没有什么有用的收获。而跟随同济大学的研学团就不一样了，时间周期大约为 15 天，主要安排了考察以及与一些当地的设计师事务所学习、交流并分享成功的案例，在时间比较充裕的情况下，也能与团队伙伴有一定的交流，增加同学间的友谊，有助于回国后的业务合作与交往。因此，大家在出国游学的时候也要注意选择组织机构。

通过这几年的海外游学，我对欧洲的发达国家和日本有一些简单

超白玻璃 90°折弯的效果。

的感受同大家分享。

我第一次去德国，刚出机场就遇到了小偷，在后续参观展会时，由于这是一个比较累的行程，因此，我们常常会找一个比较空闲的展位休息。这时候，我们遇到一个走路晃晃悠悠的老妇人，她过来让我们离开展位。还有一部分展位的展品不对中国人开放。

重点分享一下我在日本一家酒店遇到的真实事情。我们出国前，貌似每个人都会带点方便面和榨菜以作备用。难免会有私下有事没有跟团一起吃饭、又懒得一个人出去吃饭的情况，拿方便面将就一下是顺理成章的事情。有一次在日本，我在床头柜放了一桶方便面，打扫卫生的阿姨看到方便面桶后竟然会主动放置一双筷子，这就是细节。

在欧洲，我们也去过多个国家和城市，同样的团队，同样的研学。在参观建材展会时，有商家拒绝我们进入；在酒店，有人提醒我们在枕头边给服务员放一些小费，这就是区别。

在日本，我们走访了大阪、京都和东京。在大阪，我还像模像样地与日本设计师分享了门窗阳光房的专业知识，品尝了日本的各种美味佳肴，走访了不少著名的京都建筑，还参观了日本著名的MIHO MUSEUM以及周边的樱花盛景。在日本的行程中能够感受到日本人的整体素质是很高的，他们坐高铁不用检票也没有检票员。

日本很早就实现人工智能化，在路边基本上看不到什么垃圾桶。一次，我在与一位日本设计师一同前往参观某建筑民宿案例的路上，看到一个翩翩飞舞的塑料袋。这位日本设计师很自然地捡起来叠齐后装入自己的衣服口袋。我自认为自己也是一个有素质的年轻人，看到路边七扭

左图：2019年11月，我在日本研学，参观日本建材展和日本建筑。

2019年11月21日，我在日本游览了早稻田大学历史馆和MIHO MUSEUM。

八歪的自行车也会把它们扶起来摆正，看到垃圾也会捡起来放入垃圾桶，但是视线内如果没有垃圾桶，我估计会果断放弃此次的文明行为。而这位日本设计师则给我上了一堂文明道德课。

这次的地接是一位70多岁的阿姨，我们称呼她为江姐。作为一个70多岁的人，还能够为我们这个游学团跑前跑后，安排各种活动，对接各个机构，甚至在乘坐新干线的时候还帮我们交接行李，真是值得我们敬佩。所以，一个国家的强盛，一定源于每一个人的努力。

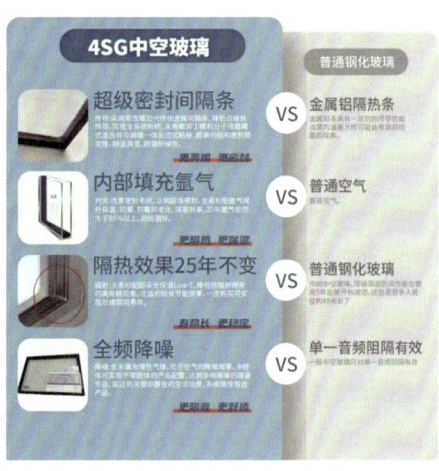

图：富有想象力的全景玻璃阳光房及其效果呈现。

玻璃配置功能的简要说明。

人生篇 / 089

邻居阿姨给我送羊汤

2018年10月7日19时，我发布了一条微信朋友圈，那时我发朋友圈的频率还是蛮高的。

在这个迅速发展的社会，人情味越来越淡，人们之间的感情越来越短暂，越来越容易被忘记。现代社会的竞争压力太大，人们没有时间去关心别人。但是，我认为这些行为都不符合人文道德，我是一个比较传统的人。

我非常敬佩老一辈的知识分子。他们勤奋，乐于助人，有信仰，有主见，依然保留着中华传统美德和那份纯真与厚爱。在我的内心深处也依然保留着这份信仰，我相信我也是这个世界上的一个幸运儿，总是能遇到关心我、帮助我甚至主动关照我的贵人。我家这位好邻居——杜阿姨就是我人生路上的一位社会导师。她用行动告诉我如何在复杂的社会中保持正确的世界观、人生观和价值观，我觉得我受益匪浅。

杜阿姨80多岁，她的老伴90多岁，他们依然健康长寿，红光满面，家里也是儿孙满堂，人才济济。我认为老天不会辜负每一个为这个社会进步传递正能量的积极分子。我相信一句话：人不敬我，是我无才；

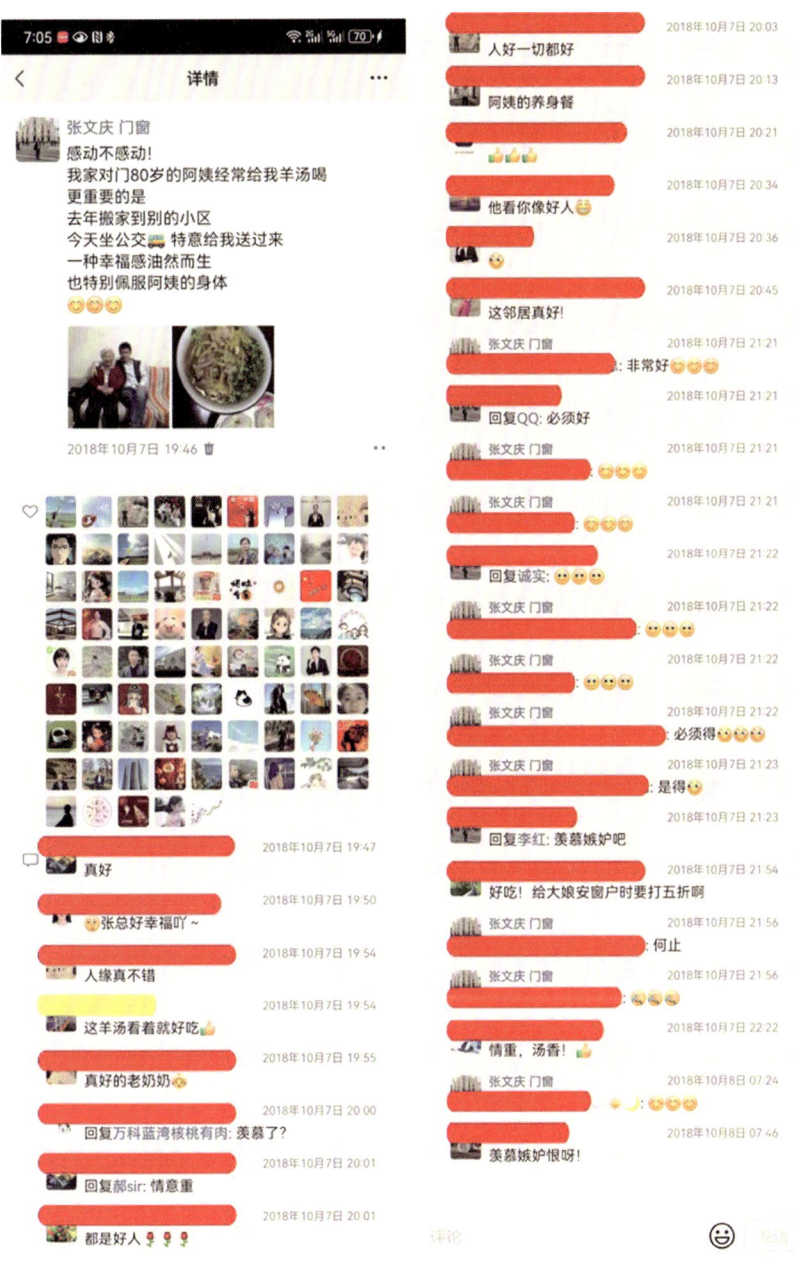

远亲不如近邻,近邻不如对门。2018年10月7日,我家对门杜阿姨从我搬走的小区做好美味的羊肉汤,专程给我送到家里,还有她亲手包的美味包子。

人生篇 / 091

我不敬人，是我无德。人不容我，是我无能；我不容人，是我无量。人不助我，是我无为；我不助人，是我无善。每每看到一部分人经常怨天尤人、骂天骂地，难道这种行为不是一种懦弱，不是一种无能，不是一种幼稚吗？很多负能量的人不在自己身上找问题，他们只看别人的短处，不学习别人的优点，认为所有的问题都是别人造成的，这样下去这些人终究会成为对社会无用的群体。

当我发出这个朋友圈后，瞬间点赞量激增。评论区有羡慕嫉妒的，有鼓励和夸赞的，总之让我感觉幸福得一塌糊涂。其实杜阿姨还有很多值得我们晚辈学习的地方，她生活节俭，穿着朴素，坚持每天饭后走路，与人说话交流时永远面带微笑……让我们一起学习积极、阳光的杜阿姨。

量力而行

有句话说:"不要问社会为你做了什么,而要问你为社会做了什么。"爱心,它是传递正能量的使者,是文明社会的象征,是一份温暖与和善,是一种奉献精神,更是关爱他人、珍惜他人的思想感情,它蕴含于所有情感之中。

2018年,我在上海与一家公司合作,在其宽敞的展厅里展示我的门窗阳光房。在合作的过程中,我逐渐融入了该公司的企业文化。上海的小资生活中鲜花与咖啡是必备的。这家公司的展厅也不例外,绿植花卉点缀其中,还配备了专业的咖啡师,我完全沉浸在工作与生活的和谐状态中。感觉工作不再仅仅是为了生活的柴米油盐,而更像是为精致的生活增添色彩。每年一次的公司团建是必不可少的企业文化盛宴,它不仅增进了员工之间的感情和团队的凝聚力,而且加强了同事之间的沟通与交流,提升了整个公司的效率。团建中的每位员工载歌载舞、豪言壮语,为来年的稳定发展和更远大的目标奠定了坚实基础。尽管我在队伍中仅仅是一个旁观者、聆听者、鼓掌者,或许我更是其中的享受者。这次团建的时间是2019年5月29日至31日,地点是浙江宁波的雪窦山。爬山比赛、烧烤、露营和篝火晚会等项目,让奋战在全国各地的所有员工都团聚在一起，集体庆祝属于每一位同事的欢快时刻。

因为有跑步、爬山活动，出发的时间自然会很早。天几乎刚亮，我们就开始了行程。在到达目的地开始活动前，我们都做了比较完善的热身运动。随即一声令下，大家开始了跑步爬山比赛。作为业余跑者，虽然在赛前做了一些路牌指引，但是仍然有人跑错路线，包括我在内。比赛的过程中，各支团队你追我赶、欢声笑语、互助互爱，感觉每位队友跑得都是那么带劲。跑步结束后大家都乐此不疲，其乐融融，完全沉浸于欢乐的氛围之中。

爬山收官后便开始了户外野营模式。大家分成两支队伍，一支是准备烧烤，另一支负责搭建帐篷。一个近百人的露营团队，搭建帐篷也是要一点技术和时间的，而且还要找到一块大而平坦的场地。在大山深处，一大块平地可不是触手可及的。而且帐篷还要搭建得横平竖直、整整齐齐，为每一位同事建立一个舒适的休息环境。

三天的团建活动圆满结束。美好的时光、欢乐和感动都让我感触很深。岁月漫长，长不过沿途山脉的一草一木，长不过车窗外的风景，长不过光线突然暗下来的隧道，更长不过下一个远方与下一首诗。唯有让自己努力变得更加强大，更加勇于承担责任，方可担当更大的使命。回程的路上，此情此景真是让人欢喜让人忧，让人快乐又让人疲惫。每一次的欢欣雀跃和兴奋与沸腾都会带来疲倦。回到工厂后，看到大家慢慢悠悠有气无力地把车上的物资搬运到仓库，我猛然想到一个问题：这些使用过的但不算是新的帐篷堆在库房里，这不是浪费吗？难道来年还会继续用吗？

这个问题持续不断地浮现在我的脑海里，于是我鼓起勇气问了这个问题："这些帐篷放在库房里，还要继续用吗？"几个伙伴异口同

2019年6月17日,我代表朋友的公司向杨家井小学捐赠帐篷以及相关装备。在我以前的认知里,捐赠之类的事都是政府和富人的事,和普通老百姓没有任何关系。不知道什么时候,我的观念有所改变。我渐渐地在我力所能及的范围内努力做一些思想上的宣传和行动上的捐助。尽管微不足道,但是我认为努力就好。

声地回答:"按照以往的惯例,过一段时间就会被扔掉。"在幅员辽阔、地广人稀的大西北偏远山区,还有很多没见过帐篷和渴望得到帐篷的学生。

于是我就打电话问了一个比较熟悉的山村小学校长,把帐篷和配套的装备情况介绍了一下,看看校长要不要,校长高兴地连声说要。

人生篇 / 095

我便跑到公司，找到老板说明情况，问问老板有没有免费捐赠的意愿。老板毫不犹豫地同意了我的建议。因此，我开始对接学校商议捐赠帐篷的细节。我把50余套的数量报告给学校后，校长向我提了一个比较为难为情的新问题，让我有点措手不及。

当时对接时，这批帐篷是专门为学生准备的，50余套原本绰绰有余，然而，校长问我能否多提供几套给学校老师。无奈之下，我只好厚着脸皮再次与公司老板沟通，老板问我需要增加多少套，我回答20套。老板不假思索地答应了，并随即安排同事落实这个事情。每个成功的人执行力都非常强，第二天，公司的负责人和仓库人员已经落实了此事。

短短一周内，从配货到发货再到货物落实到位。我安排了一辆面包车，把帐篷从物流站送到校长的手里，顺利完成交接。我也非常荣幸地为每一位小朋友公平公正地发放这份与众不同的童年礼物，并且教会了他们如何使用帐篷。看到每一张稚嫩的小脸庞流露出的高兴与喜爱，我也深深地感谢这次无偿捐赠的公司。有心的校长还写了一封感谢信，制作了一面精美的锦旗作为纪念。

我也在微信朋友圈里发了一封公开的感谢信。信是这样写的：

帐篷，或许，您会想到户外、野营、自家休闲，感受人生的美好瞬间，以及诠释快乐幸福的一种生活方式！一个人可以不做什么大事，但一定要做一些有意义的事！就在本月6日，我将代表紫灿科技（上海）股份有限公司为山区农村的孩子捐赠户外帐篷及配套装备，捐赠对象是山西省阳曲县杨家井村小学全体师生，每人一套，共计70套帐篷和配套装备。

为农村孩子的童年增添一个美好的记忆，上海紫灿科技股份有限公司在行动，或许您也想接力，那就行动起来吧！为脱贫攻

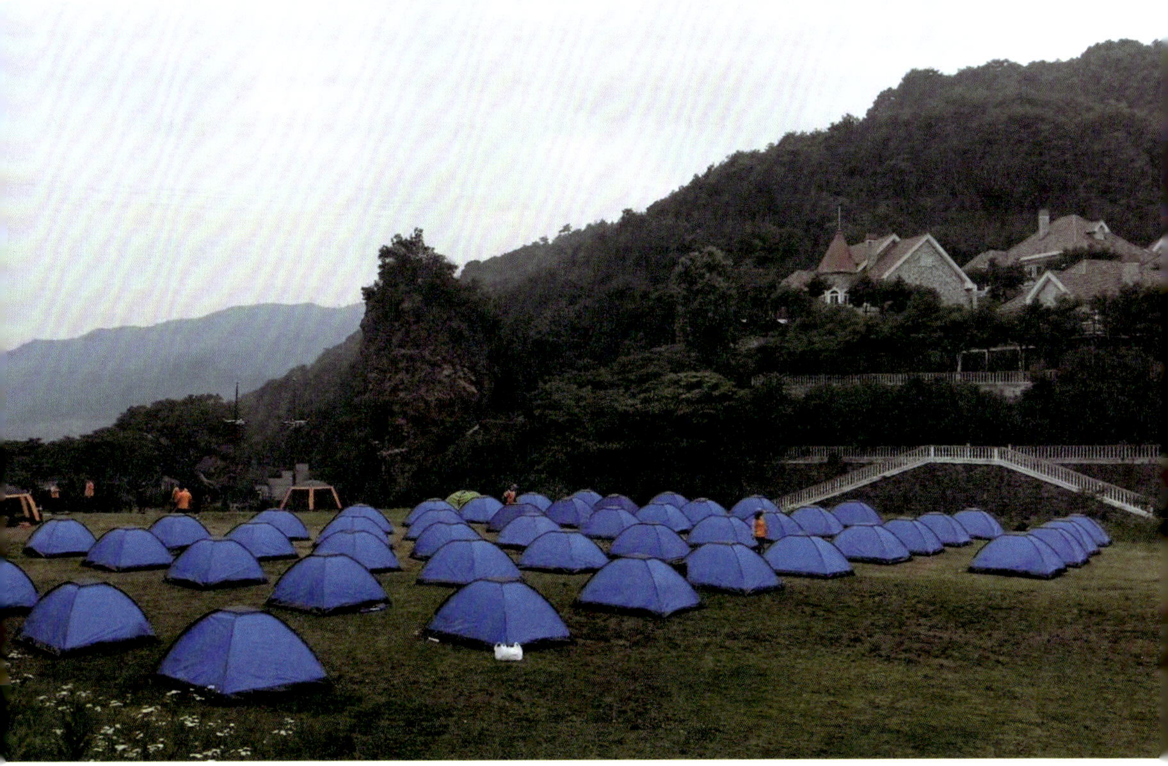

2019 年 6 月，公司在宁波团建时的帐篷。

感谢信

上海紫灿科技股份有限公司：

在这个多彩的六月，我们山西省阳曲县杨家井小学和幼儿园的全体师生荣幸地收到了贵公司的惠赠，由张文庆先生代表，由贵公司倾情赞助的，价值 5 万元左右的户外帐篷装备 70 顶。收到这样贵重而有意义的礼物，我们的心情唯有用感谢来表达深深的敬意！

野营帐篷装备，作为追逐精神上的追求与满足，感受生活带给我们的美好，充满对生活的热爱。为给乡村孩子一个美好的童年记忆，为习主席的脱贫攻坚战略画龙点睛，添砖加瓦。起到了积极的作用，具有重要的意义。

此次爱心传递，由张文庆先生代表上海紫灿公司捐赠。感谢上海紫灿科技股份有限公司的这份大爱！感谢你们对乡村孩子，对乡村教育的关爱和慷慨捐助。当我们有一天背起行囊，置身山水之间时，一定会对“走万里路，读万卷书”的深刻内涵有自己独特的解读；当这些孩子们未来学有所成时，他们一定不会忘记来自“上海紫灿科技股份有限公司”的爱心；当我们行走于大自然中，置身于鸟语花香间，细嗅泥土清香之时，一定会是一个胸中有大爱的传承者！因为你们用你们的爱心和行动教给了孩子们：做好企业也好，做好自己也好，首先得做一个有大爱，有情怀的人！

此致

敬礼

杨家井小学校　2019 年 6 月 17

杨家井小学向公司赠送的锦旗（左）和感谢信（右）。

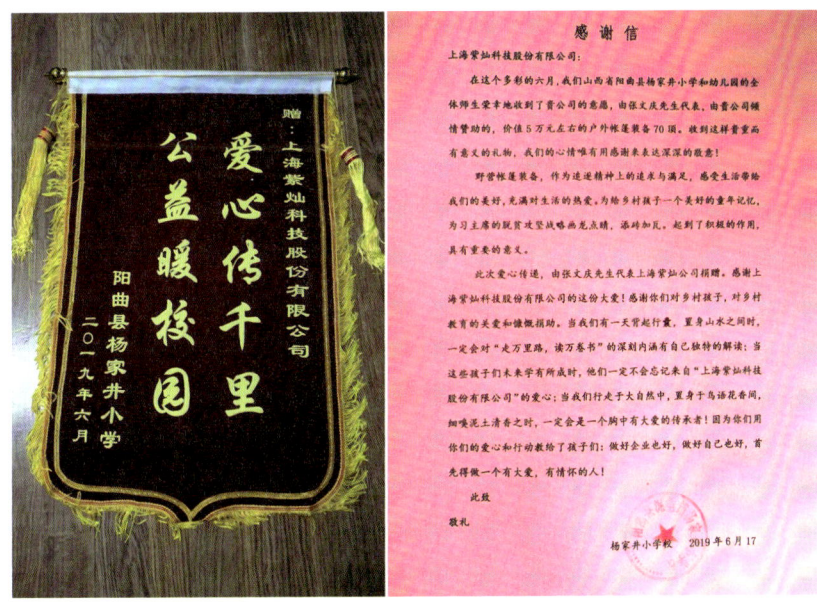

坚战略添砖加瓦，给山区孩子创造一个快乐且难忘的童年，为他们留下一段永久而美好的记忆！

这封公开的致谢信或许有些感慨，但我认为感慨是一个有担当和责任的人的开始。关于爱心，没有多与少、贵与贱、大与小的要求。在日后的时间里，我也响应校长的需求，多次捐赠了自己力所能及的小钱。尽管有时候的"力所能及"在疫情影响下、经济下行的压力下显得有点牵强，但是我还是说服了自己，尽力去满足孩子们的需求。

相识都是缘分所致

当我开始爱自己，我不再渴求不同的人生，我知道发生在身边的事情，都是对我成长的邀请。

——查理·卓别林

感恩生命中所有遇见的人，更要感恩曾经和现在与我这个小小个体户、小小作坊一起努力奋斗的每一位伙伴，以及我们尊贵的衣食父母——"可爱的上帝"。一个人不论处于哪个行业、什么工种、什么职位、什么阶层，都会遇到形形色色甚至千奇百怪的共事伙伴，他们中有的优秀，有的平庸。这都是不可避免的遇见，毕竟他们也是社会的组成部分之一。我们应当珍视那些诚实勤奋、充满正能量的伙伴，以及那些始终保持努力上进的同仁。

在 2014 年至 2016 年间，我的一位门店店长因个人原因离职。在两年多的门店销售过程中，她兢兢业业、勤奋学习，工作做得也蛮好，对门窗知识也比较了解，具备了独立销售的能力。她离职后我们还是保持着真诚的信任和彼此认可的联系。离职后不久，她去了一家全屋整木定制的公司门店，从事类似的工作。我们作为一个小小的门店个体户是没有什么禁业要求的，人员离职后的任何工作都是自由的。

在一个阳光明媚的早晨，我接到了这位曾经担任我门店店长的大姐的电话。她说有个客户需要铝包木门窗，这位业主的经济条件和品位较高，选择的都是高品质产品，征得客户同意后，她将我推荐给了对方。之后我和客户相互加了微信，约定好时间先去新装修的房子测量出图和报价，因为是朋友推荐，有一定的信用基础，客户对报价没有过多猜疑和讨价还价。我们把图纸、报价都准备好后，就联系客户来门店洽谈。

一个周末的下午，客户独自一人来到了我的门窗展厅，一件挨一件地仔细看着每一款产品。客户最初选的是门窗品类中的一款高端铝包木门窗。在铝包木样品的旁边还有一款叫"木索"的木窗，它是铝包木的高端产品，堪称铝包木中的精髓，或者说是天花板级别的产品。

当然，木索本身用料就不同于客户最初所选的那款铝包木窗，因此不论从气质、感观、视觉、颜值甚至隔音保温都比那款铝包木好，但是它只适合客厅和洞口较大的落地窗。小洞口（如厨房、卫生间或者客房等）并不适合安装木索。经过详细介绍后，客户决定在客厅和大卧室的落地窗采用木索，当然价格也高了很多。但是客户还是认可的，毕竟物有所值。

有求必应

在工作和生活中,我每天面对和服务的都是比自己优秀和见识更广的精英人士。只要我把产品做好,让客户满意,保持诚实、勤奋和努力上进的本性,就能在服务客户的同时结交到朋友。

2014年春天,太原的一个朋友说有个工程项目或许值得考虑,我了解了情况后坚决反对接手这个项目,因为该项目负责人与朋友没有直接的关系,仅仅是他哥哥认识的一位职业经理,而且这位经理在行业里的名声也不好。加之项目属于当地的小开发商又是城中村改造,我认为这并非一个明智的选择。这个朋友三番五次说他哥哥是村里的干部,又和经理认识好多年等七七八八的理由,碍于面子,我最终还是答应了朋友去看看。

过了几天,我从广东回到太原,去工地项目部实际看了后就开始出图报价。经过几次反反复复的图纸和报价修改后,合同终于签订了。甲方付了一小部分工程预付款后,我们就紧锣密鼓地开始工地复尺、厂家订料等各项工作。项目的工程量并不大,是住宅楼配套的商铺门窗。临街的商铺上下两层,一层是商铺的弹簧门,二层是窗户,总面积约1 800m^2,工程总造价100多万元。

我以家装零售为主、工程为辅的经营模式，即使接工程，也是接一些小而精的项目。注重品质是我的强项。因为工程量不大，加工起来也比较快。按照合同约定，款项的支付是进度款模式，按道理我们安装完框体就应该支付第二笔款了，但是想着门窗框安装完再安装玻璃也就十天八天的事情，索性就一次性把玻璃也安装完好了再要款吧。殊不知我这下犯了一个天大的错误，对于一个不讲诚信的公司来讲，这无疑是送给他们一个大便宜。

从此，我走上了一条艰难的讨债之路。其间，我多次讨要项目进度款，但剩余的40余万元款项迟迟不给。我从事门窗行业十多年，从未遇到过这么无耻的公司。我们全心全意抓质量、赶工期，把项目提前完工，没有得到任何奖励，反而遭遇故意拖欠工程款。工程完工后，我们和公司的成本部门对接工程量，去现场仔细测量记录每个洞口。起初，他们不承认合同约定的是按照实际洞口面积结算，要求按照实际制作尺寸加两厘米计算实际面积。我无奈之下被迫接受，只想早点拿到款项结束这个令人不快的项目。

更让人不可理喻的是，在与公司成本部确定了工程量后要走付款流程的时候，对方的无赖又开始显现，说工程量需要重新核对才行。我反问道："不是已经核对过了吗？"他们的答复是：成本部换人了，资料丢失，需要重新核对。但成本部轮换了三四次工作人员，仍然没有付款的意思。

连续催要了三四年，依然没有结果，此刻我就想到了我的一位客户。我尝试着请他帮忙，我把项目的具体情况都一五一十地交代给这位客户，并说明项目的质量和工期都是优质的。在催款过程中，我虽然内心愤慨，但是也没有与甲方发生什么不友好的冲突。工程款是他们公司合情合理应该支付的，而且项目已经完工三四年了，商铺都投入使用了。

在这个世界上,所有简单和复杂的事情都是因人而异的。对于复杂的事情,有的人或许能举重若轻,轻松化解,而另一些人在处理简单的事时却觉得格外棘手。这位客户了解了情况后,同意试着帮我处理,让我等待消息。这貌似让我看到了一束希望的曙光。此刻已经到了年底,正是财务最吃紧的时候。在春节前两天,我收到了大部分的工程款。虽然没有全部付清,但是我已经很满足了。至此,这个项目画上了一个圆满的句号。

感恩导师

敬爱的杨上广教授：

2020年12月25日的全国硕士研究生招生考试，让我们这些来自五湖四海、同样怀揣梦想的青年学子相聚在风云际会的上海滩，相聚在充满活力的华东理工大学梅陇校区。我越来越相信，人与人的相识一定是缘分所致。我坚定地认为，我是为了"近朱者赤"而来，是为了遇见更优秀的老师和同学而来。

时间飞逝，研途漫漫。我清楚地记得，2021年秋天，在"中国经济分析"课上，幽默干练、见多识广的杨上广老师给我留下了终生难忘的深刻印象。世界与中国都离不开繁荣的经济，每个家庭、每个个体也离不开经济。有人说："钱不是万能的，但是没有钱是万万不能的。"听着老师这些质朴而深刻的话语，再看看老师仅由六个笔画组成的名字，我似乎明白"Less is more"的真正含义。就像我们的门窗设计，有人总是认为多加一些材料会更好，实际上，真正能够带来美感的门窗，一定要呈现出画框般的美学和"简单就是美"的理念。

因此，在我们选择毕业论文指导导师的时候，我毫不犹豫地选择了杨上广教授，忐忑地等待着杨老师的回复。没过多久，杨老师同意了我的请求。古人言："一日为师，终身为父。"我的论文从选题到开题，从撰写到查重，再到盲审，倾注了杨老师的多少汗水！

此时此刻，我总是回想起那些为了写论文而照猫画虎的可笑场景，回想着东拼西凑的无奈，回想着在图书馆和书店里翻阅资料而无从下手的无知与疲倦，也总是在嘲笑自己怎么能有如此狭隘的思想。直到有一天，杨老师组建了一个"MBA论文指导群"。杨老师一篇接一篇地推送往届优秀毕业论文的范本供我们参考，一次又一次地催促我们赶进度，一遍又一遍地教导我们多多学习、参考师兄师姐的论文，还把往届的学长们拉进群帮我们排忧解难，要求我们不论是论文内容、字数还是参考文献都要高于学校的标准。在这个过程中，杨老师雷厉风行的工作作风令我深受感染。我每次给老师发送论文草稿，总能及时收到严谨清晰的修改意见。在论文送审前，杨老师还要求我们再打印两份纸质文稿，他与我们面对面逐字逐句修改。看着杨老师推起眼镜，认真地对每句话和每个标点符号进行校正，我彻底被征服了。从此，我也感受到"痛并快乐着"的学习真谛。

我的论文正式提交于10月12日，接通知应于20个自然日后出结果。但直到2023年10月30日，同组的其他同学外审结果都出来了，唯独我的还不见消息。此刻，我开始在群里焦急地询问："是不是外审出结果越晚要求越高？"杨老师肯定地回复我："没这回事。"第二天，正当我在工地"搬砖"时，听到了微信的提醒声，杨老师把我的外审结果发在群里：论文《H门窗体验店营销策略研究》外审结果：3A2B，总分90分，直接答辩。

此刻与未来，我只想道一声：杨教授，您辛苦了！在以后的日子里，我会更加努力！书山有路，学无止境。期待今后能有机会继续向杨教授求学问道！

学生：张文庆

2023年11月1日凌晨

"狼徒腾"破冰之旅

为积极响应华东理工大学"狼徒腾"沙11组委会的号召，我报名参加了2021年9月30日—10月2日的苏州米堆山联合集训。通过此次三天的拉练，我不仅熟悉了沙11的新老"沙友"，更体会到了沙11的团队精神：贡献、团结、友谊，这是一个充满爱的团队……

互帮互助是社会的文明与美德，我也是此次活动的受益者。在前往苏州米堆山训练场之前，自驾的伙伴们早早地将车里的空位、出发时间和地点公布在了群里。我有幸乘坐了梁晓勇同学的豪华奔驰SUV前往目的地。因为本次集训正值国庆，为了避免堵车，我们尽早出发。在路上，我们欣赏着沿途的风景，了解了彼此工作所涉及的行业，分享成功的经验和失败的教训，我还向"沙友"请教了我下一步工作规划的观点和方向。大家途中有说有笑，真正诠释了我们华东理工大学"狼徒腾"的训练目的：强化团队建设，增强队员之间的互动与了解。

我和梁晓勇同学到了酒店后没多久，第二波队伍也到了。我们聊得热火朝天，相互调侃，感受着同学间友谊的氛围。之前有多次集训，有的队友已经很熟悉了。因为我本人就是直男一枚，不善言辞，常常穿梭在聆听与微笑之间，乐此不疲地享受着伙伴们相互开玩笑和各种

2021年10月1日，华理、苏大、西工大、中科大、南大、复旦泛海沙11苏州米堆山联合拉练。作为亚洲商学院沙漠挑战赛的一支强队，平时的训练和后备人才培养有足够基础。

调侃。相识都是缘分所致，我的室友黄伟涛，与我同年同月生，而且有多年跑龄，是前辈级的人物。或许，这个室友是组委会特意安排的。当然，我们也逐渐深入了解彼此所从事的行业领域，聊着聊着，呼噜声已经响起……

米堆山盘山公路，累计 28 千米，爬升 800 米。

从小在山区长大的我，对盘山路一点也不害怕。经过专业热身和领队对集训规则的讲解后，米堆山 55 个伙伴肩搭肩围成圈宣誓了我们的口号："华理华理！志在千里！华理华理！所向披靡！加油，加油，干干干！"

此次集训难度大、距离长、地形多样而且补给点少，就是要构建个人战胜长距离的信心，并在运动过程中初步形成自我补给概念和节奏。第一圈我还可以，第两圈就感觉很累了，第三圈我开始跑跑走走，第四圈就是走多跑少了，这时是信念要求自我必须完成目标了。到了第四圈之后，跑道上的人已经很少了，这时已经 11 点左右，大太阳、炎热、又饿又渴。

在我快要放弃的时候同队实力派队友剑国和太海来了。在他们的各种鼓励和"一起出发，一起到达"的团队精神的鼓舞下，我出色地完成目标，又一次突破了自己！吃着补给站香香甜甜的西瓜，享受着痛并快乐的感觉……随后回到酒店，我看着伤残的脚及快要掉下来的存满了淤血的脚指甲，想想真是自虐。脚指甲成了这个状态还能继续跑吗？黄伟涛室友毫不犹豫地回答："可以继续跑，这些我都经历过了。"第二天，还有背靠背 22 千米的环太湖公路跑，更不可思议的是，我被重新分到了第二组，也就是配速要求更高了，我简直绝望了，干脆"跑不死就往死里跑吧"。

第一天的酸痛还没有结束，第二天 22 千米的环湖跑热身已经开始,早上5:00响亮的口号就把熟睡的人们惊醒,至此,我们从酒店开始起跑,往返各11千米,前11千米以5′45″的配速把我给拉爆了。返程的11千米我享受了"宝宝般"的呵护,感谢伙伴吴艳山、王剑国的鼓励和陪伴,最后领队带领大家以平均配速6′20″跑完了全程。大家用行动证明了"一起出发,一起到达"的团队理念,感恩这个有爱的团队。

在分享会上,我是这样说的:

要想自己优秀,一定要与比自己更优秀的人相处,来到华东理工大学沙11"狼徒腾",我有幸找到了比我更优秀的伙伴和团队。在这个团队里,在队友的鼓励陪伴下,我想我的进步会更快,我也会倍加努力!

2021年7月11日是华东理工大学沙11开营的日子。我乘坐高铁赶往杭州参加了开营仪式,从此开启了我的跑步生涯。我一直在坚持这项有意义且健康的运动。

体育，让人坚韧不拔

2023年4月29日—5月2日，超A队99千米，AB队70千米，C队35千米。第十一届亚太地区商学院沙漠挑战赛（以下简称亚沙），来自全国116所学校的商学院，超4 000名参赛选手在这里超越自我，完成了一次历时三天的沙漠徒步挑战赛。亚沙之行，满载而归。这份记忆就像"腾格里"的金沙一样闪闪发光。我有幸以华东理工大学商学院MBA学员的身份参加了此次赛事。我们团队在赛场上努力拼搏，获得的荣誉如下：

华东理工大学获得金沙鸥奖、团队第八名；

李振中、满永利获得超A队男子季军；

陆泳宇获得C队女子第二；

郭丽获得C队女子第五。

古人云："近朱者赤，近墨者黑。"如果说出生在一个贫穷落后的小山坳里的我，在省城创业成家是一个进步。那么，来到上海买房置业可以称得上是一个里程碑了。一穷二白、无依无靠的我通过自己艰苦努力，落脚在这个让人向往的城市，自然不能停止继续前进的步伐。作为一个从事门窗行业近20年的个体经营户，考研貌似与我没

2023年4月30日，亚沙比赛第一天，我负重扛着大旗，越过山丘，超越极限，不断挑战自己。

我在亚沙赛前熟悉场地。

我与参加戈壁跑的华东理工大学同学合影。

上海虹桥机场大合影。

有太大关系。因为高学历对我来说既不能升官也很难发财,我想对我最重要的应该是:归零再出发,让自己从另一个角度去接触比自己更优秀的人或者能够取长补短的群体。所以,我非常幸运地考取了华东理工大学商学院 MBA。

在 2021 年 6 月 6 日新生见面会的时候,有这么一个社团显得非常活跃,非常自信,谦虚中带有一点狂妄,这个社团就是华东理工大学赫赫有名的"狼徒腾"社团。作为一个注重行动而不善于言辞、性格非常内敛的人,我自然对此社团很感兴趣。于是我带着无限的憧憬参与了 7 月 11 日的"狼徒腾"沙 11 杭州开营仪式,从此与更加优秀的同窗并肩作战。

比赛第一天,我背着赛场记者的电脑。我收获了茫茫沙漠中校旗飘飘的精美照片,在西北大漠留下了美好的回忆。

这是一场刻骨铭心的旅程,是一场值得被歌颂的战斗,是一部值得被书写的传奇。我非常荣幸作为华东理工大学商学院"狼徒腾"的成员之一,与各位勇士共赴腾格里,作为其中小小的一分子,见证和参与了这个伟大的旅程。亚沙之旅带给人的内心激荡,视频、图片、文字都不能描述其万分之一。亚沙是此起彼伏的惊涛巨浪。700 多个日日夜夜的备战,4 000 多名商学院精英,在这个与狼共舞的亚沙队伍里同舟共济,让我深深地感受到团队的力量、协作的精神。大家同甘共苦、互帮互助,体现了知识分子的同心协力。

作为首次参与亚沙 C 队的我,领略到了浩瀚无际的沙漠和每时每刻都在随着风向变动的沙丘,可谓"连绵沙丘无穷尽,浩瀚大漠不见边"。大自然在释放美的瞬间也不忘发挥它的魔力,沙漠的太阳像个老大老大

右图:与强者同行,一路向前,这是在亚沙赛场上最美的瞬间。

的火球，光线灼人，沙子被烈日烤得发烫，脚踏下去一步一串白烟。

C 队第一天的跑步里程是 10 千米，实际却跑了 12.5 千米，跑完后的重要工作就是做 A、B 两队的后勤保障工作。领物资、搭帐篷是最主要的工作。不幸的是，第一天我们就赶上了沙漠里的大太阳，在皮肤没有任何保护的情况下，我们坚持搭完了帐篷。在搭帐篷的过程中，外露的皮肤时刻都在变化，从一开始的皮肤颜色渐变到焦黑，后来更是疼痛难忍，皮肤开花并逐渐蜕皮。

第一天参赛，不论是 A 队、B 队还是 C 队，都是最累的一天。我们需要适应沙漠、跑步的场地，尤其是初次跑沙漠的。比较辛苦的应该是 C 队了，C 队队员在搭完帐篷后还要为 A 队、B 队的队员做打饭、打水等服务工作。看似简单的搭帐篷，实际上对于平时训练少的 C 队队员来说还是比较累的。在解决了 A 队、B 队的伙食问题后，在确定没有其他任务的情况下我早早地进入帐篷休息了。我第一次有了累得想睡又睡不着的感觉，我逼着自己闭目养神，听着帐篷外的风沙声，不知道什么时候睡着了。

第一天的沙赛是我印象深刻的。我们 C 队队长把摄影记者那台重量不小的电脑交付给我，让我负重前行到营地终点。更让我感到压力的是，我还背负着商学院的大旗。沙漠里的七级大风至今历历在目，我背着沉重的电脑，看着"华东理工大学商学院"的校旗在无边无际的沙漠赛场上迎风飘扬，不由得思绪万千。尽管我肩负重物，尽管扛着大旗，尽管跑错了路线，我还是跑进了第一天男榜 100 名内，排在男榜第 98 名。

第二天的赛程虽然大风肆虐，沙尘相伴，但我总觉得还是比较轻松的。毕竟有了一定的经验，面对此起彼伏的沙丘，我知道什么样的沙地是比较硬的，可以直接大步向前；什么样的沙地就像旋涡，让人

寸步难行；更知道什么样的沙地需要跟着前方战友的脚步前行。在赛场上的每一次提速、匀速、加速，都是对每一位"沙友"身体素质和意志力的考验。

这一天的比赛，我仍是以观赏大漠美景的心态完成的。在跑到第一个CP点后的不远处，我遇到一位其他学校的"沙友"，他的腿抽筋了。我远远看见他平躺在沙地上痛苦的样子，这种痛苦我们每个人都体验过。于是我加快脚步跑上去，按照平时的处理方法帮他解决了腿抽筋的问题。

第二天的经历中，最令人难忘的还是"亚

2023年5月2日，比赛结束后的我（上）和沙11全体成员（下）。

人生篇 / 117

如果我们把地球看作一粒沙子,那么银河系就是整个撒哈拉沙漠。每一个"沙友"都怀揣着一个仰望星空的梦想。

沙音乐节"。如果说来自100多所学校的4 000余名亚沙参与者代表了中国商界未来的精英,那么,我想参与亚沙的每一位选手都是身体强壮、意志坚定、能经得起市场考验的佼佼者。

更让我感到"山外有山,人上有人"的是,这场音乐会的每一位演员都是参赛选手。在这么一群优秀的人中,我觉得自己微不足道,但又感觉自己很幸运。我们都知道,要想变得优秀,一定要和比自己更优秀的人在一起。是的,我似乎重新找到了努力的方向。如果"撸起袖子加油干"是每一位青年的本来模样,那么"越努力越幸福"就是这个社会赋予我们的生活常态。尽管没有全力以赴,但我的成绩比前一天有所进步,以总排行榜第88名的成绩完成了第二天的比赛。

赛事第三天,A、B、C三队的跑步里程相同,但是增加了一些工作量。为了体现我们学校的良好校风校纪,校组委会要求我们早上4:30起床,开始拆卸帐篷、打包行李、打扫卫生。要以最高的标准确保营地干净整洁。我看着A队、B队的每位伙伴要为学校争取比赛成绩,

亚沙凯旋归来时，班主任葛沧海老师来接机并与我合影留念。

没有时间去打饭，在寒冷的腾格里早晨吃着冰凉干硬的花卷饼子，硬咽着一口又一口地吃着。我抓紧时间为A队、B队的伙伴端来了一碗碗热腾腾的稀饭，尽管不是人人有份，或许也就是那七八个人喝了吧，这至少为早餐添加了一些温暖吧。看到喝了热腾腾稀饭的伙伴们露出的笑脸，听到他们一声声发自肺腑的感谢，我诚恳告诉他们，这就是真实的我。每一次的细微行动都在诠释着不善言辞的我。每一次大型活动，我总是在想，要在自己力所能及的范围内，多为他人多做一点实事。一定要少说多做，这是我的原则。

亚沙一次，"沙友"一生。

既然来到沙漠，又是最后一天的比赛，我们还是要努力跑一次。恰逢A、B、C三队里程相同，又是同样的路线，那我们何不各领风骚呢？于是，我从一开始就拒绝了懒怠的思想，与强者同行，一路向前。你追我赶，相互鼓励，在一次次的超越与被超越中挑战自我，战胜自我。最终，我以男子榜第45名的成绩完成了此次亚沙赛。

华东理工大学"狼徒腾"征战腾格里。心之所向，毕力以赴，迈步远征，追风少年，腾格里胜利归来。命运深处涌动着更多浪漫，梦想破土生长更多答案，繁星背后太阳已开始闪耀。谢谢你与我做伴，告别沙11满天星河。未来，我们顶峰相见！

给女儿 12 岁生日的一封信

亲爱的女儿：

在中国古代，12 岁生日的寓意是"圆锁"，这是起源于山西、内蒙古和陕西等地的一种传统风俗。家长通过喜庆的仪式，将孩子的 12 岁生日诠释为人生的重要成长节点。

这种仪式，有的声势浩大、大张旗鼓，有的不露声色、隐而不宣，但都没有对错之分。经过与妈妈及双方长辈的沟通，我们以家庭小聚的方式来完成你的"圆锁"仪式。这既是对你童年生活的告别，也是你新的人生阶段的开启。随着心智的成熟，你要开始熟悉和遵守社会规范和人生准则，开始规划自己的做人做事，不辜负家人和社会对你的殷切希望和美好祝福。

在这个美好的年华，你的认知还处于"雾里看花、水中望月"的朦胧之中。所以，爸爸送你一句话：在努力学习的同时，要读万卷书，行万里路，更要与优秀之人同行。在这个瞬息万变的社会，希望你既要爱上图书馆，更要与体育场为友；既要博览群书，不断"充电、蓄电、放电"，也要锻炼身体，强健体魄。时光荏苒，岁月如梭，你从一个懵懂无知的孩童，成长为尊师守纪、爱国明理的有志少年。人生能有

女儿张嘉芷在上海程十发美术馆。

人生篇

女儿张嘉芷12岁生日当天在程十发美术馆外广场留念。

几个十二年像这般无忧无虑？人生亦能有几个十二年能活得如此恣意盎然？此刻，炫目的骄阳已为你升起，祝福的晨钟已为你敲响！张嘉芷，爸爸妈妈和弟弟祝你生日快乐！

就像十二生肖那样，12岁是一个轮回。在这个重要时刻，爸爸以手写书信的方式送给你与众不同的礼物，珍贵且更有意义。爸爸妈妈非常庆幸和感恩上天赋予我们两份天使般的馈赠——你和弟弟。你们的出现，让我们这个家庭美满又幸福。虽然我们家不是书香门第，更不是豪门贵族，但是我们拥有甜蜜和温馨。

爸爸在华东理工大学学习组织行为学时，杨桂菊教授就曾鼓励我们要有远大的梦想，不论梦想有多大、能否实现，都要相信梦想的力量。今年爸爸已经42岁，实现了"三十而立"，也正在经历"四十不惑"，真正感悟到人生路上处处曲折坎坷。正因为如此，才诠释了生命的意义，也磨炼了自己的坚强与战胜一切困难的意志。每当遇到挫折时，我总会用一句话来激励自己："让暴风雨来得更猛烈一些吧！"我已经学会了"以苦为乐"，已经养成了坚韧不拔、锲而不舍、目标清晰且自强进取的精神态度。

勤俭是治家之本，和顺是齐家之本，谨慎是保家之本，诗书是起家之本，忠孝是传家之本。或许这就是我们家的行为准则，现在，我

在山西太原老家，12岁的生日是一个隆重的节日。很多人都会大操大办，我们则以家庭小聚的形式完成了宝贝女儿的第一个成长记录。我们陪两个孩子去了美术馆，各自画了一张有意义的画作为自己的生日礼物。

再加一句：团结与和谐是进取之本。你的健康成长离不开妈妈的细心呵护与陪伴。妈妈是你整个童年的健康使者和学习伴侣。为此，你应该向妈妈鞠个躬、敬个礼。

女儿来到上海后就读于民办东展小学时，在学校老师的精心培育下练习舞蹈。此照片来源于东展小学的宣传视频。女儿来到上海读书，也得到了学校的重点培养，代表学校参加过几场舞蹈比赛，并且取得了很好的成绩。

2019年11月，爸爸在日本研学时，一位老师曾说：当初日本大发展的时候，很多家庭和我们家的情况大致相同——爸爸在外努力拼搏，妈妈在家相夫教子。爸爸从一个一穷二白的农村贫困户，奋斗到省城太原立业成家，再度到上海为你们创造更好的学习成长环境。我们要倍加珍惜来之不易的奋斗成果，同时永远感恩相助的贵人。爸爸不要求你出类拔萃，只希望你开心快乐地茁壮成长，但要懂得努力学习、迎难而上，比如对有难度的数学题要充满信心、敢于挑战；对好的词句要记在心里，并应用到学习和生活中。学习是一辈子的事情。新学期即将开始，愿你与知识为友，上课专心听讲，遇到难题能自己解决，让"日事日毕"和自律成为你学习的常态。

最后，爸爸与你共勉我的人生信条：当勤奋与感恩成为一个人诚实努力的资本……

祝你生日快乐，梦想成真！

爱你的爸爸、妈妈和弟弟

2023年8月16日

给 14 岁女儿的一封信

亲爱的宝贝：

　　首先，我要感谢华政附中的老师们在你成长的重要节点——14 岁之际，细致入微地想到让家长为你写一封信，并要求以传统的手写方式完成。感谢华政附中老师们严谨治学、厚德载物的教育理念，为孩子们点亮了前进的明灯。相信在学校"春风化雨，润物无声"的学习环境中，通过自己的努力、同窗的帮助和老师的指点，你一定能够成为栋梁之才，成为学校"桃李满园、书香四溢"中的贡献者和传播者。同时，祝愿学校在"明德精业"校训的指引下再上新台阶，成为每一位求知者敬仰的学府。

　　14 岁，是青春的启航，也是梦想的翅膀逐渐丰满的时刻。学校和家长都是你成长中最重要的支点。学校在这个时刻提出这样的提议，说明你的人生正面临第一个重要的岔路口。在你的思想尚未完全成熟、你仍是一个懵懂少年时，我们家长和学校非常乐意成为你的引路人。

　　首先，你要懂得，无论是茁壮成长的小树、乖巧可爱的小动物，还是我们每个人，能够来到这个世界都是最幸运的事。因为我们可以看到美丽的山川河流，听到窗外的鸟语花香，闻到四季的不同气息，感受到春夏秋冬带来的各类美景。因此，我们有责任以积极的心态面对学习和生活中的喜怒哀乐，并从中成长。

其次，你生活在一个无比幸福的家庭里。有每天和你打打闹闹、带给你快乐的弟弟，有悉心呵护你生活、陪伴你学习的妈妈，还有努力工作、为你创造更好学习环境的爸爸。这样和谐温暖的家庭，或许会成为你童年最美好的记忆。

两年前，爸爸也曾以同样的方式手写过一封信给你。当时，爸爸告诉你要"读万卷书，行万里路"。如今，你在读书学习上的态度是认真的，但爸爸更希望你在未来能多"行万里路"——多出去走走，增长见识；多接触优秀的人，拓宽视野。过去，爸爸的教育理念中或许夹杂着"严师出高徒"和"棍棒底下出孝子"的思想，但未来，我们更希望能通过平等的交流陪伴你成长。不过，你要明白，支撑我们变强的永远是自律、努力、学习和坚持。正如有人所说："自己不觉醒，他人如何渡？自己若醒悟，何须他人渡？"

最后，在你14岁这个懵懂与觉醒交织的重要节点，爸爸想把华东理工大学研究生毕业季感言中的一段话送给你。

> 如果你选择了努力，就要做到精致；
>
> 如果你选择了精致，就要做到完美；
>
> 如果你选择了完美，就要做到卓越。

这段话无论对你的学习、生活还是未来的工作，都大有裨益。

此刻的你，已经开始萌发对事物的判断力和独特的自我观点。我们非常高兴地看到你成长过程中的这些闪光点，哪怕它们偶尔伴随着小缺点或小脾气。这些无关紧要，也是正常现象。我希望你能多与家人、老师、同学交流，相互学习，共同进步，学会换位思考。

同时，也希望你能多接纳我们积累的社会经验。如果在学习或生活中遇到矛盾或委屈，不要憋在心里，爸爸、妈妈和弟弟永远是你最忠实的倾听者。

  亲爱的宝贝，学习是一辈子的事情。愿你能与知识为友，上课专心听讲。遇到难题或困难时，不要恐惧，而要兴奋——迎难而上、挑战自我，才是快乐的源泉。

爱你的爸爸、妈妈和弟弟

2025年3月31日

撒谎是人生最大的耻辱

2022年1月14日晚六时许，晚餐后，我们开始了各自的学习生活。宝贝嘉儿在完成了学校作业后，开始做课外英语练习题。不经意间，我发现她拿着手机边看边写，所摆的姿势不适合操作手机的任何功能。我敏锐地发现有点不对劲。我时常关注她对手机的使用，每次她都有合理的理由应对我，我也就默许了。或许我们都在做一场思想的较量——偶尔看个群消息或朋友圈我也就忍了，但这次她竟然抄答案！我瞬间怒火冲天，揪起来就是一顿打。

这是我记忆中，第一次真正动手打孩子，打得让自己心疼又无奈。宝贝哭得稀里哗啦，我每一下的责打伴随着深深的懊悔和不舍。

亲爱的宝贝嘉儿，这是爸爸写给你的第一封信，无奈是以这样的原因和心情传递爸爸对你的爱与期望。你现在已经是五年级的学生，正处在非常重要的时间节点，马上要升入预备班，也积累了一定的知识，在这个似懂非懂而又朦胧的年龄，爸爸选择了一次你我都不愿意接受的"肢体教育"，这次教育，或许不仅仅是你屁股上的疼痛和淤青，更是爸爸对自己内心深处的谴责。记忆中2021年，你从太原期末考试后便乘火车赶往上海参加入学考试。2021年，这一年真的是千辛万苦、千难万阻，经历了"西天取经"般的苦难后，在即将放弃的时候，贵人相助让我们完成了从太原转学到上海的艰难旅程。

来到上海的那一刻，我们的目标就很明确：以我们简陋的条件、百倍的努力，去挑战这座优越而又充满知识的大城市。这项任务光荣而艰巨，而挑战与征服就是我们来到这个世界的真正意义所在。只要有理想、肯努力、勤奋而又诚实地向前冲，目标就一定能实现。

爸爸出生在20世纪80年代的一个贫穷的村落里，爷爷奶奶是地地道道的淳朴农民，对外面美好的世界一无所知，对子女的教育也顺其自然。但是爷爷奶奶都是非常负责、对长辈特别孝顺的人，太爷爷有六个子女（四个儿子、两个女儿），唯独爷爷奶奶为太爷爷养老送终，成了最大的奉献者。这是我们的榜样，也是为我们积累的福气。

赡养老人是一项艰巨的任务，需要占用很多时间，自然没有更多精力去工作赚钱，生活也就平淡无光。外界时不时投来嫌弃的目光，被人看不起是常有的事，更谈不上被尊重。加之爷爷身体不好，生活更是平凡至极。2001年，爷爷因病去世。那一刻，爸爸体会到了什么是晴天霹雳。整个家庭陷入阴暗之中。但这个世界关闭一扇门总会开启另一扇门。没有了爷爷，至少还有奶奶，还有我们相依为命的兄妹三人，继续传承我们这个家庭的诚实、勤奋、努力……

致谢：勤奋与感恩，照亮我的人生之路

当勤奋与感恩成为一个人诚实努力的资本……这是我的人生信条。我已经不记得何时开始接受这个信条，我想至少有20年了吧。正是这个信条指引着我努力拼搏、奋进前行，也让我彻底懂得：不经风雨，怎见彩虹；没有痛苦，何来欢乐；不经寒窗，何来知识。

我出生在山西阳曲的一个小山坳里。作为一个"80后"，从小生活就像电影老片里那样：穿的衣服是"新三年，旧三年，缝缝补补又三年"，吃的饭是日复一日的小米粥和老咸菜，读书的"书桌"是破旧不堪、漏风漏雨寺庙里的硬板凳。有人说"童年的爱就是未来的光"，但年少无知的我并不知道什么是爱，更不知道什么是光。我只知道淳朴、善良、勤奋的农民父母教导我：做人要诚实守信，还要勤奋，更要懂得感恩。或许，我的人生信条就是从那一刻开始的。所以感恩与诚实就是刻在我骨髓里的信念，成为我的信仰。

提笔致谢，意味着要结束美好而又依依不舍的校园生活。这三年，我们经历了疫情，看到了俄乌冲突。在课堂上，老师语重心长地说："在这种环境下，你们还能坐在教室里读书，是何等的幸运。"因此，我要特别感谢曾经帮助过我、现在关心着我以及未来可能帮助我的贵人。

首先，我要感谢的是一个特别想念的最伟大的靠山，就是在我最需要父爱的时候已经逝去的父亲。父亲的敦厚、朴实奠定了我正确的世界观、人生观、价值观，让我在无依无靠的社会遇到了一位又一位的贵人相助。是的，我的经历就像许多励志小说中所讲的那样：在遇到困难挫折时，要化悲痛为前进的动力。我想，我这些年的言行举止或许可以诠释这个充满"鸡汤"的句子。的确，我们没有被困难压倒。

"娘在家就在"，感谢妈妈守护住这个一穷二白的家庭，并赋予我们家庭团结友爱的力量。我要感谢哥哥姐姐曾经为我交学费，感谢张大伯和宋大哥对求学之路的惦念和操持。感谢创业初期的王兆江先生给予我的无私帮助，感谢在创业发展过程中给我提供方方面面支持的每一位客户，还要感谢我内心深处许许多多想说而又没有说的关心帮助过我的贵人。

此刻，请允许我向这些关心帮助我的亲人朋友汇报我这些年的奋斗成果。从2005年开始，近20年专注门窗行业，我结识了很多很多具有正能量的精英人士，从他们身上，我学到了比金钱更重要的社会知识：勤奋、谦虚、谦卑、勤俭、廉洁、平易近人、精益求精、热爱学习、执行力强、有责任有担当、乐于助人……从他们每个人身上学到的优点，造就了今天的我。幸运的是，我也得到了许多客户的欣赏与帮助，是他们的关心与支持让我取得了巨大的进步。我第一个里程碑式的进步就是：我从一无所有，成长为在省城太原买房买车、创业成家的人。第二个里程碑式的进步就是：我努力拼搏，在上海买房置业，并携全家搬至上海，给孩子创造了更好的学习环境。

我还要感谢和平稳定的祖国。感谢那些容易被很多人遗忘的"伙伴"：为我提供便捷的交通工具——我的爱车、城市地铁、公交车，以及为我提高办公效率的电脑、钢笔、稿纸和互联网搜索引擎。

当然，在这篇论文提交之际，最重要的感谢应该是献给华东理工大学的师生。2021年6月6日新生见面会，2021年7月1日，EMS送达录取通知书。这么吉利的数字，这么重要的节日，这一切都是最好的安排，也是最用心的设计。在这美好的两年半的校园生活里，我要感谢每一位教导我的老师，他们分别是我的班主任葛沧海老师，以及杨上广教授、关涛老师、李玉刚老师、陈亮老师、郝斌老师、张世鹏老师、龙丽群老师、杨桂菊老师、花贵如老师、顾剑老师、胡美琴老师、杨继波老师、汪金爱老师、骆守俭老师、田安意老师、周峰老师、梁玮老师、邱卫东老师、陈骏老师、叶升老师、楼高翔老师、郁文蕾老师、陈万思老师、陈丹群老师、候丽敏书记和马铁驹院长。

纵观世界著名的MBA商学院，人才辈出，桃李芬芳。华东理工大学商学院在教育界也是遥遥领先，感谢华东理工大学为我们创造这个优质的学习交流平台，让我接触到了更加优秀的伙伴，让我的工作与生活有了"归零再出发"的动力。我相信，从每一位优秀的同学和老师身上，我都能学到不一样的知识，充实我的未来。

例如，商学院的"狼徒腾"社团。2021年"狼徒腾"社团在杭州开营，我有幸也加入了这个自律、团结、友爱、互助、付出、阳光、健康的跑团，一次又一次挥汗如雨的跑步训练，一遍又一遍的跑前拉伸，张希望教练严厉而又专业的指导，周复一周的线上核心训练，确保了我们跑步的安全。日日夜夜，分分秒秒，我们都在诠释着华东理工大学"狼徒腾"的口号"华理华理，志在千里，华理华理，所向披靡"。我们用"加油加油干干干"鼓励自己、鼓励同伴。长兴岛、佘山、闵行体育公园、米堆山……在太阳还未升起的时候，我们的伙伴已经开始用脚步丈量和记录师生之间的友谊与互助。至此，我已经在这个跑步社团里学到了我想要的宝贵财富，跑步、学习、工作已经成为我日常生活的一部分。

2024年6月25日，导师办公室的合影留念。左起：裴烨敏、狄、杨上广（导师）、文奇、我。

研途漫漫，我要着重感谢我的论文导师杨上广教授。我与杨教授结缘于"中国经济分析"课程。杨教授讲课幽默风趣，偶尔带有福建口音，给我留下了深刻的印象。他专业的授课以及对未来前瞻性的经济分析就是我学习和努力的方向，更是我的榜样。山河不足重，重在遇恩师。一篇篇的论文范本、一次次的耐心指教、一遍遍的鼓励和督促，都体现了杨教授的热忱与责任担当。此时，我最想说的是：杨老师，您辛苦了！

最后，我要特别感谢挚爱的妻子，还有宝贝女儿和儿子。古人云："勤俭是治家之本，和顺是齐家之本，谨慎是保家之本，诗书是起家之本，忠孝是传家之本。"感谢爱人对我们这个家庭的辛苦付出，感谢她对子女的耐心教导。有了她的尽心尽力，才有了宝贝的健康成长，才有了我安心工作的条件。感谢她的勤俭、和顺、谨慎、勤学、孝顺和无私奉献。

同时，我也要感谢努力拼搏的自己。如果老天还会恩赐关照于我，我会把"苦其心志，劳其筋骨"体现得淋漓尽致。我会在我的人生信条中再添加一个词——奉献。

毕业感言

这是华东理工大学的校训：勤奋求实，励志明德。

这是我的人生信条：当勤奋与感恩成为一个人诚实努力的资本……

我深深感到，我的人生信条与华东理工大学的校训是如此契合。我决定，我要向每一位努力工作的华东理工大学师生致敬。

此刻，我突然想起一段特别适合华东理工大学的话：

> 如果你选择了努力，你就做到精致；
>
> 如果你选择了精致，你就做到完美；
>
> 如果你选择了完美，你就做到卓越。

2020 年 12 月 25 日，国家研究生招生考试，让我们这些来自五湖四海、同样怀揣梦想的青年学子相聚在风云际会的上海滩，相聚在充满活力的华东理工大学梅陇校区。这一定是缘分所致。我也坚定地认为，在华东理工大学的这片沃土上，我一定能够遇见更加优秀的老师和同学。是的，在学习中、在交流中、在课间同学的嬉笑调侃中，我竟然突发奇想，要把我创业 20 余年高端门窗行业所积累的实践经验编写成一本书并出版。这些成绩让我感到神乎其神，而这些收获仅仅是其中之一。这也许就是华东理工大学的底蕴和魅力。所以，我爱华东理工大学，感恩华东理工大学的老师和同学。

　　毕业季的到来，同学变成了校友，是结束，也是开始。书山有路，学无止境。期待今后还能有机会再来华东理工大学求学问道！

我在意大利的一家图书馆。

建筑的第三空间扩建的案例。

创业篇

销售改变人生

我刚毕业时，一穷二白、三餐不定就是我的真实写照，亟待解决的是吃饭问题。因此，我去投靠大伯的儿子张炜。还好有这么个亲戚愿意收留我，管吃管住，月薪 100 元。那是 2001 年秋天，从此，我开启了步入社会后的工作生涯。我倍加珍惜这份工作。现在回想起来，我是那个时代最优秀的农民工。家境贫寒的我，开始工作赚钱时内心火热又兴奋。我虽然是新手，但是一教就会。印象最深的一次是印刷绶带，当时还停留在手工丝网印刷阶段。首先是拿纸板进行电脑刻字再镂空，然后在上面压丝网，最后拿刷子把色浆在丝网上刷来刷去，确保文字清晰可见，这是我的工作之一。另外一个人负责把刷好的绶带拿到旁边摆放整齐，等待晾晒干燥后再收起来。一个接一个，反反复复地延续同样的工作。不可思议的是，我的印刷速度比那个收放绶带的速度还要快，可见我的工作积极性有多高。这不是为了表现，而是真实的自我。当然，我的工资也是月月翻番，没过多久，熟悉业务后的我就去跑业务了。开始跑业务后，我便开启了改变命运的征程。不仅仅是赚的钱多了，更重要的是接触了很多比自己优秀的人，常言道："读万卷书，不如行万里路；行万里路，不如阅人无数；阅人无数，不如名师指路。"尽管我当时赚的还仅仅是几百上千的水平,但对于一个没有见过大钱的乡下娃来说,已是无比的兴奋和激动。自己的思想和理念都有了很大的提升,仿佛看到了希望,感觉一切皆有可能。

2001年至2004年,四年广告公司的打工生涯为我带来了什么样的体验和收获?首先,这是我从农村走向城市的开始,打破了"井底之蛙不知大海之宽广"的局限;其次,我通过广告接触到各行各业的优秀人物,体会到了"山外有山,人外有人"的境界;最后是通过这个行业认识了一位门窗老板——袁先生。

同时,我也得到了袁先生的赏识,他邀请我去他的公司跑业务。2005年5月,我从此走上了一条门窗路。万幸的是,我赶上了中国房地产高度发展的黄金期。尽管我2006年离职创业,成为一个小小个体户。

2005年,刚刚入职袁先生门窗公司的我,月薪900元,后来略有增加。主要的工作就是跑工程业务,没有培训,更没有专业知识,简单粗暴地看到正在建设的楼就进去,详细看一下公示牌的信息,关键信息是法人和电话号码,然后就去工地或者办公室找人。法人一般不会搭理我们,让我们找主要负责人。找负责人时,采用老板教我们的套路。意思就是领导让我来找您,您要接待我一下,不要把我这跑业务的拒之门外。这个套路好像在当时有点作用,不过有时候也会碰壁,大多数情况还是可行的。

印象最深刻的应该是太原某大厦项目,这是一个千万级的项目,或许也是我离职的主要原因之一。本来按照约定,项目成交是2%的提成,老板最终仅仅给个几千元信息费就把我打发了。我无力回击,被迫接受。

2006年的一天,我与往日一样开启了扫楼模式,跑到了某大厦项目部。仔细考察完公示信息和现场的施工进度后，我便跑到了某大厦总部。进了办公楼，我很快找到主任的办公室。这个主任是可以拍板的人，而且还没有拒绝我。

我随后回到公司，向老板汇报了情况。因为这个项目的甲方是国企，不论是资金实力还是市场定位都很好，所以老板兴趣很大，让我继续重点跟踪。看着土建现场进度很快，我也接触了几次领导，到了关键时刻，老板和甲方领导亲自对接。经过多次考察后，没多久事情就搞定了。我心心念念的2%的提成可是一笔不少的收入。等了好久没有动静，我便问老板提成的费用什么时候结算，最后老板找了各种理由没有兑现提成，坦白地讲，老板的失信战胜了我的诚信，也许这就是残酷的现实。

尽管这件事情的结果让我很郁闷也很无奈，但是我还是能想得开的。我还是以一颗感恩的心去面对每一个相识相处的人。从2007年年初我创业开店到2013年年底，我在太原最好的五星级酒店举办"门窗展示和感恩答谢晚宴"时也邀请了他。毕竟是他把我带进了这个行业，让我有机会在这个行业生存下来并有所发展了。每个人在不同时期都有不同时期的对与错，可能当初的错是现在的对，也可能现在的错是当初的对。所以，不必计较当初和现在。很多时候优秀和尊重永远是一对无法剥离的双胞胎，一个人的优秀在于尊重和理解对方，或者是对方的行为诠释了你的优秀。

保持善良，利他者无敌！

第一次步入社会

1999年的夏天，是我中专实习的时期。这时，我找到了初中比较要好的同学庞同学。他初中毕业后就来到一家保险柜厂打工，这次麻烦他帮忙推荐我到他所在的工厂实习打工。月薪50元，那个时候我19岁。我想，在任何时期，只要不怕苦、不怕累，对薪资没有过高要求，工作就很好找。"先干为敬"是对工作的一种尊重，因此，我就顺理成章地开启了我步入社会的实习打工生涯。

首先，我在保险柜厂的各个车间干活，熟悉产品。印象中，那个工厂有保险柜、铁皮煤气柜、铁皮文件柜、书柜、图书馆移动书柜和防盗门等系列产品。工厂一般都是包吃包住的，这让我开始了边学习边打工的工作状态。当时对口产品的制作工艺主要是铁皮的拆剪、折边与焊接打磨，最重要的是喷漆。记得第一次去车间时，我碰到了厂长。那是一个上班的时间，我还没有进车间就被厂长严厉批评了一顿，原因就是我穿着短裤。在车间，不论是干活还是学习，都应该穿着长裤长袖。夏天上身可以穿短袖，但是下身必须是长裤，这是出于安全考虑。厂长给我留下了深刻的印象，他身材纤瘦，个头不高，戴着眼镜，工作严谨。他的主要工作是负责产品的最后一道工序——喷漆，这也是最重要的一道工序。毕竟产品的颜值高不高，关键看表面喷漆的技术好不好。这算是一个高级技术工种吧。当然，长期从事油漆喷涂工作对身体也是一个极大的考验。厂长是江苏扬州人，烧菜做饭也是一把好手。

其次，到了第二个环节——产品宣传。我跟了一个叫王成的师傅。从此，我们开始了宣传工作。一辆三人座的货车载着我们，开启了以太原为起点一路往北的宣传工作。这三个人分别是司机、写大字的王成师傅和打杂的我。王成一副满不在乎、天不怕地不怕的懒汉样，配上小心谨慎的司机和一无所知的我。我们的工作就是沿着国道，看到空白的墙体就粉刷。把空白墙体粉刷成白色，然后写上红色的楷书，内容基本上就是"某某保险柜、文件柜"等。偶尔也会在国道边把个人家的私人墙面粉刷成白色做广告，被主人发现后，经常会被骂得"狗血喷头"。

最后，到了我印象非常深刻的销售业务。俗话说，这个社会招聘岗位最多的，要么是卖保险的，要么是跑业务的。也许是因为我跟着师傅在晋北做了一路的宣传广告，所以公司把我派到晋北跑业务。我的第一站是"天下大同"。1999年，19岁的我，一切都是朦胧的，什么都不懂，是一个无知少年。没有独自出过远门、没有见过世面的我，来到了一个完全陌生的城市。现在想想，我不知道是怎么度过那段艰难岁月的。我记得非常清楚，身无分文的我，行走在当时煤都大同的街道上。如果遇到一辆大卡车呼啸而过，那简直秒变云里雾里的仙境了，瞬间免费让人从白人变成黑人。尽管如此，我还是沿着这条"财富大道"开始了我的销售之旅。那个时期，我什么都不懂，只知道见门必进。那个时候也不懂"货卖给用家"的道理，只知道自己像个愣头青似的，跑50个业务就有48个被骂出门外。就这样，我一次又一次地徘徊在大同的马路上,呼吸着煤都乌烟瘴气的空气。

如今的大同,已经发生了翻天覆地的变化。在大同,你可以感受到古老与现代的完美结合,从古朴的建筑到现代化的设施,这座城市展现出独特的魅力。大同曾经是北魏的首都,也是辽、金时期的陪都,具有重要的历史地位。大同四季分明,气候宜人,这里有壮观的山脉、秀丽的湖泊和广袤的草原,自然风光独具魅力。

此刻我步入社会已经20余年,从事高端门窗已近20年。我结识了很多成功人士和专家学者,当然也与工人师傅们交往频繁。我真正感受到了每一个社会阶层的酸甜苦辣和喜怒哀乐。其中,让我感受最深刻的应该是"知识的重要性"。就以我身边的人为例,来探讨一下知识的重要性。初中毕业就出来打工的人,收获的成绩就不如我这个持续学习的人所收获的多,而我所收获的就比不了重点大学毕业的学者所收获的财富和声誉。所以,任何时代,有知识有文化的人必定比草根强。增强学习意识,不断努力突破自己,是人生任何时期都应具备的理念,它能让你找到继续前行的力量和思想,成为更好的自己。

洞察与定位

每一个不曾起舞的日子，都是对生命的辜负！然而，为了不辜负生命，就要有跨过一片海、翻过万座山的恒心和勇气，还要有足够的洞察力。

1964年的《中国画报》刊登了一张照片，大庆油田的"铁人"王进喜头戴大狗皮帽，身穿厚棉袄，顶着鹅毛大雪，握着钻机手柄瞭望远方。在他身后，散布着星星点点的高大井架。"铁人"精神整整感动了一代人，但此照片无意中也透露了许多秘密。日本商业情报专家据此解开了大庆油田之谜，他们根据照片上王进喜的衣着判断，只有在北纬46度至48度的区域内，冬季才有可能穿这样的衣服，因此判断大庆油田位于齐齐哈尔和哈尔滨之间。并通过照片中王进喜所握手柄的架势，推断出油田井的大致储量和产量。有了如此多的信息和判断，日本人迅速设计出适合大庆油田开采的石油设备。当我国政府向世界各国征求开采大庆油田的设计方案时，日本人一举中标。

2007年我创业初期，经营的主要品类还是门窗阳光房，没有特别的吸引力。有一次我在《新闻联播》中看到中国领导人在欧美国家访问，发现国会大楼的门窗外面还有一款特殊的产品，这款产品叫卷帘卷帘窗是附加用作洞口的可收卷的隔离物。卷帘窗通常被安装于玻璃窗的外部，它的主要部件由铝合金构成，所以具有很长的使用寿命。常见的驱动方式为室内皮带手动或曲柄摇杆驱动。

窗。于是，我就多方打听这款产品的渠道，最后了解到每年广州举办建博会，那里可能会有这款产品。于是等到建博会的时候，我就专门去寻找这款产品。果不其然，我在广州建筑材料博览会的一个不起眼的展位找到了我想要的产品。为什么说在不起眼的地方找到的呢？因为展位大的产品说明市场已经白热化，也就意味着竞争激烈。新的产品在没有打开市场的时候，不会花大笔的钱去做这样的推广。而且，这款产品具有差异化优势，其优点包括：时尚、节能、保温、安全、隔音、防盗、遮阳、防晒、防虫、防尘等，在欧美国家普及率很高。

找到自己想要的产品，我很快谈好了合作，当场就签订了合作协议，定制了样品。回想往事，这款产品给我带来了什么？带来大笔的利润肯定是不可能的，但是它给我带来了附加值，就是与众不同的优势所在。因为当初市场上很少有这类产品，或者说没有如此高品质、高颜值的产品。我也因为这款产品认识了一些高端客户，这就是附加值。就像一个人有一技之长一样，人与人相处就是在取长补短。如果你要与一个比你优秀的人相处，那么你一定要有一个点或者多个点比他优秀，这是一个进步的阶梯和策略。而且还要诚信和勤奋，时刻保持优秀者的心态，方可让自己更优秀，这就是洞察力带来的产品竞争力。

1994年的《国际电池行业动态》上，有一条新闻引起了BYD创始人王传福的注意。日本出于环保考虑，准备放弃镍镉电池的生产。他敏锐地意识到，镍镉电池行业将出现巨大的供应短缺，这是一个千载难逢的机会。王传福马上向所里申请，由他所在的比格公司生产镍镉电池。然而热脸贴冷屁股，所里驳回了王传福的申请。一气之下，他决定辞职下海自己单干。

2008年7月8日，我参加了在广州琶洲举办的建筑材料博览会。这是我创业初期第一次参加的建材展。

资金问题找到银行，银行不予理睬，不过表哥给他投资250万元作为启动资金。就这样，王传福轰轰烈烈地开启了创业之路。资金不足无法购买先进的生产设备，他就拿人海战术来代替。短短三年间，公司就卖出了1.5亿块镍镉电池，占据全球40%的市场份额，成为中国第一、世界第四的电池生产商。日本卖10美元的锂电池，比亚迪只需要3美元，市场竞争力一发不可收拾。王传福随即开拓手机电池市场的生产，成为全球第二大手机电池生产商。近几年还创造了多个中国和国际第一。

不论工作还是学习，思维的创新与严于律己的坚持才是人生价值的真谛。

朴实动天地　诚信赢市场

2014年，通过一位朋友，我结识了我非常尊敬而又特别敬佩的企业家（山西定襄恒跃集团的高层管理者）——高美莲女士。业内有这样一句话："世界法兰看山西，山西法兰看定襄。"在我的认知里，毫不夸张地说，定襄恒跃集团是这个行业的佼佼者。我和恒跃集团打交道近十年，经历过很多事情。无论恒跃集团领导的人品，还是他们对待供应商的态度，还是公司领导层对未来市场的定位与判断，都让我佩服有加。

郑西昌是恒跃集团公司的董事长。2019年年底，恒跃集团彰显了其作为行业排头兵的实力与担当，开始打造与国际接轨的高精密产品实验室，并建设一座与之配套的办公楼。非常荣幸，我也是这个项目的参与者。一次次开会，一次次优化产品，一次次改进方案，都能感觉到郑董对每一处细节的重视。特别需要强调的是，每一次开会的时候，郑董都会郑重地告诉每一位供应商："大家一定会赚钱，款项保证到位。"实际上，我们打交道这么多年，这一点我们每一位供应商心里都很清楚。郑董的为人处世都是说到做到，而且经历过很多事情的磨炼和时间的检验。我的内心一直有这样的想法：如何能把我的门窗产品打造成超越物理功能、可以拿得出手的作品；如何让门窗成为一栋建筑亮丽的眼睛，成为一栋建筑带来美感的艺术品。

产品即人品，人品即产品。这真的印证了郑董在 1995 年公司刚刚起步时的重要决定：把公司产品定位于高精异型环件。这个定位明确而前卫。产品的质量是企业的生命线，是赢得客户信赖的法宝，是企业发展壮大的根本因素。说得天花乱坠，不如自己的产品经得起考验，经得起与同行业其他产品的比较。人无我有，人有我优，材质优良，精密度高，这是郑西昌对恒跃产品的要求。

此刻的我尽管是一个普普通通的门窗个体户，但是我也有一些与郑董同样的特性：勤奋、努力、诚实，追求差异化的产品，不爱花天酒地的娱乐活动，工作就是最大的享受。看到郑董的文章，我觉得我要学习郑董的地方太多太多了。我要学习郑董无比的勤奋精神、对未来市场的判断力、对工作的严谨态度、对正确事情的明确和坚定。

恒跃集团的成功或者说对产品精准的定位，我想用一句古语来形容："事以密成，语以泄败。"真正要做的事情连神明都不要讲，安静地去做，成功了再说。任何事情只要是高瞻远瞩、未雨绸缪，都是对阶段性成功的尊重。我是一个比较传统的人，对电子产品不是很感兴趣，尤其是电子书，所以我看书都是纸质书籍。

2020 年开始，我与恒跃集团的交往更加频繁，因为在建的办公楼、实验楼等逐渐开始施工。有一次，我在旧厂的办公室得到了一本《情牵沃土》。这本书主要讲述郑西昌的父亲郑能未的感人故事以及他的家族情况。当我第二次翻出这本书时，我又细细地阅读了每一个段落的细节，其中的一段深深吸引了我。我想把这段抄录在此，以备日后细细琢磨：

> 2016 年 10 月，郑西昌从新闻中获悉国家即将出台去产能的政策，判断钢铁市场低迷数年之后将要回暖，当机立断，一举购

入6 000吨钢材。第二年,去产能、去库存、去杠杆的政策正式出台,工业和信息化部宣布当年的钢铁产能要压缩1.4亿吨,钢材价格果然大幅上涨。当时采购钢材,有的人曾担心短时间内用不了那么多钢材,会造成大量资金积压,之后却不得不佩服董事长的远见和魄力。后来,郑西昌又购买了一批大型机械设备,此举为企业准备了安全的库存产品和充足的原材料,降低了生产成本,使企业有了更强的竞争力。

办企业还必须十分敬业,必须十分注重细节。老子在《道德经》中说道:"天下难事必作于易,天下大事必作于细。"

每每看到这段,我的感触特别深刻。2022年,我在华东理工大学商学院读研究生时的选修课——"创业模拟与领导力实战"上,汪金爱教授的就给我们班的同学分享了关于王传福敏锐商业洞察力的案例。同样,我也是在《新闻联播》中看到一款卷帘窗,然后在广州展会找到这款产品后优化了我的产品,为我的创业生涯打下了良好的基础。

2020年12月25日是恒跃集团乔迁新址之日,遗憾的是,我正好在研究生考试期间,无法应邀前去感受这个令人振奋的时刻。在恒跃的建设项目中,我有幸认识了这个家族的其他成员,尤其是郑媛和郑勇等优秀的传承人。能够结识这个家族的优秀人士以及能参与恒跃项目的建设,我首先要感谢高美莲女士。她是一位极具执行力、管理能力和创新思维的"指挥官",一位女中豪杰。她的定力和判断力,我觉得很少有人能够颠覆,因为她特别有主见。她让我感受到一个现代化的企业正在走向更加宽广的新天地,正在创造更加辉煌的新业绩。

雄关漫道真如铁,而今迈步从头越。一个国际化的企业正在牧马河畔崛起,必将为社会进步、人民幸福发挥更大的积极作用。

我的信仰

2007年秋，天朗气清。经一位设计师引荐，我结识了一位客户——周先生。我与这位周先生虽仅是客户关系，后续也仅有零星的家装业务往来，他却成为我心中特殊的存在。周先生始终谦逊平和、平易近人，无论是工作人员还是普通商户，他都以礼相待，这种虚怀若谷的处世态度令我深受触动。通过商业合作结识这样一位智者，堪称意外收获。

1964年，日本商人通过大庆油田工人的图片推断出中国市场需求；比亚迪CEO王传福从日本环保政策中洞察商机，开创电池产业新局。我亦曾从新闻画面中发现商机：央视报道画面中建筑物外立面的卷帘窗引起我的注意。2007年信息尚不发达，恰逢周先生赴欧洲访学时也注意到这款产品，我们双方因"特诺发"品牌卷帘窗结缘，实属机缘巧合。

记忆犹新的是周先生夫妇亲临展厅的场景。尽管样品仅简单陈列于不锈钢支架上，但周先生见到心仪产品时的喜悦溢于言表。基于对产品的共同认可，我们很快达成交易。交谈中得知我来自阳曲县，周先生还风趣提及当地政要，我这个乡下青年只以微笑回应。或许正是我的这份质朴，赢得了周先生的信任。

卷帘窗得到了一部分客户的赏识与采用,它的附加值更具意义,提醒我要注意品牌、品质、服务理念的配套。

产品安装验收后,周先生在家中设宴款待我。那顿由周先生亲自下厨的便饭,配以他珍藏的好酒,成为我最珍贵的记忆。不胜酒力的我两杯下肚便借故离席,竟在车内酣睡至傍晚,被散步的周先生发现才被唤醒——这段轶事如今想来我仍会莞尔一笑。2010年,周先生调任北京,我专程拜访请教。在京期间,我们共同采买烹饪,把酒畅谈。临别时周先生执意回赠厚礼,这份君子之交的情谊令我获益良多。我逐渐领悟到:真正的财富不在物质积累,而在于精神境界的提升。正如哲人所言:"幸福非在有——有车有房、有权有势;实乃在无——无忧无虑、无病无灾。"

2014年我再访周先生时,欣闻其即将高升。我虽与仕途无缘,但能结识如此楷模,已是莫大精神财富。此后每年探望周先生,渐与周先生家人相熟。其母所著《我和我的一家人》详述家风传承;四位子女皆成栋梁,印证了"优秀从来不是偶然,必是环境熏陶与集体智慧的结晶"的真理。在这个家庭,我看到了超越阶层的品格力量,这或许就是最珍贵的人生启示。

2008年,客户家安装完毕的卷帘窗实景。

2023 年 12 月 10 日，在华东理工大学商学院硕士学位论文答辩现场，我以 81.67 分、小组第一的成绩顺利完成答辩。

创业贵人

人的命运，或许需要用"越努力越幸运"来诠释。

茫茫人海中，谁也不知道谁的未来是什么样子。所以，我们只管努力奔跑，做个积极向上的追梦人。有付出就会有收获，只要坚持，梦想终将实现。

2006年10月离职后，我碰巧赶上太原一家大型建材市场招商。在和家人商量后，我得到了全家的大力支持。那一年也是姐姐结婚的年份，家里仍处于绝对困难的时期。虽然比前些年有所好转，但也仅仅解决了温饱问题，手头没有任何积蓄。创业需要资金，而越贫穷越没有人资助，这是铁的事实。恰好那年有姐姐结婚的四五万元彩礼，这笔钱就成了我创业的启动资金。一切都是天意，我开启了创业生涯。然而，仅仅四五万元远远不够创业的费用。在交了卖场的定金和一部分展厅装修费后，我已经没钱再定样品了。当初也没有想那么多，只是想先干起来再说，干到哪里算哪里。我做任何事情，往往都是一样的，先跨出第一步，遇到什么问题就解决什么问题。只要事情是正能量的、方向是对的，就可以干，不能前怕狼后怕虎。

转眼间到了2007年3月，展厅基本上装修好了。看着一个个门这是我创业时为我提供门窗样品的贵人王先生。

2007年,我的门窗展厅装修完毕后没有钱购买门窗样品,王先生当时为我免费提供了展厅的三个门窗样品,为我的创业起步提供了很大的帮助。

窗样品洞口,我却没有钱定制样品。于是,我厚着脸皮去找打工时的老东家,恳请他赞助几个门窗样品。我心想,毕竟在公司也做了一年多的业务,赞助几个样品应该是情理之中的事情吧。万万没想到,吃了个闭门羹,我心情万分沮丧。而我没有太多的沮丧时间,必须想出第二条出路。

此刻,我想到了当初跑业务时认识的另一家门窗厂——山西某门窗。这是山西规模大、具有影响力的一家企业,至今在行业内保持着良好的口碑。而我曾经任职的那家

门窗公司早已烟消云散了。于是我就找到这家门窗厂的负责人王先生,诚恳地阐述了我的情况,然后许下了这样一个口头承诺:首先,某门窗厂先赞助几个门窗样品,现阶段我没有钱支付样品费;其次,我间接给某门窗厂跑业务;最后,结果如何再议。没过多少时间,我就得到了帮助。随后几天,我的展厅就有了样品,这样我就可以营业了。我把某门窗厂的王先生视为我创业的贵人或者恩人,一直念念在心,万分感激。

然而,开业后,我的时间已经身不由己,根本没有时间去兑现我当时给人家承诺的抽时间去跑业务的事情,这是我至今仍感内疚的一件事。一年匆匆而过,最后我只好将样品费如数付清,尽管如此,这也给我的人生留下了一个无法挽回的遗憾。在日后的岁月里,我时刻

寻找着报答恩情的机会。创业的这些年也算是顺风顺水，一步一个脚印，一步一个台阶，脚踏实地地进步着。2013年12月，我在当时太原比较高端的一家五星级酒店举办了一场"感恩新老客户"答谢会，我的创业贵人王先生当然是我隆重邀请的对象，我也感恩贵人的捧场。看到我的进步和成绩，他再三鼓励我。

这些年里，我和王先生一直保持着联系以及良好的沟通。直到十多年后，我才有机会回报恩人当初的帮助。2018年，王先生的女儿在北京买房装修，更换铝包木门窗，由我来全权负责对接。这样，我圆满地获得了一次感恩回报的机会。至此我想说，感恩是一个人成长路上的月亮和太阳。在夜晚，圆圆的月亮为你照亮前方；在白天，火红的太阳在你需要光和温暖的时候，赋予你无比的光芒与力量。

我在太原创业时期的门窗展厅。

别墅门厅外延实景案例。

诚信与坚持

做人诚实守信，做事精益求精，赚钱便是顺理成章的事情。

时间倒流回到 2007 年，岁月更迭，四季轮回，春去秋来，孕育了多少收获、失去、欢笑、泪水。苦辣酸甜，各种滋味；喜怒哀乐中也曾扬眉吐气。门店开业不久，就迎来了一位太原市中心的豪宅客户。他说话简洁明了，为人幽默大方。那个年代，门窗市场虽然不大，但竞争也相对较小，门店经营基本上是守株待兔模式。这个客户的订单很小，就是配套几扇纱窗，但合作很愉快。我常常讲，我做了十多年门窗，最大的收获不是赚了点钱改善了我的生活，更重要的是我在与客户打交道的过程中学到了如何为人处世。

因为客户的房子离我的门店比较近，那天的天气也很好，天时、地利、人和促成了我们商户与客户之间的愉快合作。于是我们就以步行的方式去客户家里测量客户定制的纱窗，边走边聊。一个人要想变优秀要想进步，就要频繁地与比自己出色的人交往。我认为这是一个最有效率的学习模式。只要你诚实、勤奋，有追求自我进步的思想，就会遇到很多成功而优秀的人，并且他们很愿意与你分享他们的人生经验。

那么，如何才能接触到成功或更优秀的人呢？

外开门窗的设计：外下悬（左）和外平开（右）。

考虑到美观性，将厨房门窗设计成整块玻璃，整扇开启，左图是方案的实景。

90°转角处的玻璃对接方案（左）。如果接受不了中空玻璃的黑边，可考虑选择多层夹胶玻璃来替代（右）。

首先，要给自己一个明确的定位。无论你是体制内的，还是自己开个门店的小个体户，或是在街上扫马路的、在饭店里端盘子的，这些都不重要。重要的是，你是不是在顶级的饭店里端盘子，是不是端盘子队伍中的佼佼者，在端盘子的过程中有没有创新、有没有主见，能不能让所服务的客户感到满意甚至持续满意，这才是问题的关键所在。

其次，能不能在一个行业坚持下去。任何人、任何事，无论你有多大的本领，如果不能在一个行业里坚持下去，你就不可能了解这个行业的痛点，更不可能遇到可以帮助你的贵人。三天打鱼，两天晒网，注定一辈子一事无成，这是铁的事实。

最后，在诚实和坚持的过程中推销自己和了解对方。一定要做一个有思想、有执行力的人。只要在高端的圈子里坚持做好工作，就一定有机会遇到赏识你的贵人。准备好做牛做马的思想，成功人士也是从做牛做马开始的。做牛做马并不是低三下四的卑微举动，这是老天为你打开一个门缝的开始。只有多次与成功人士深入交往，加之周全

门窗安装位置与窗型设计的案例,拍摄于上海"上生新所"。

的服务、高效的工作表现以及可贵的诚信品质,方能逐步获得贵人的认可。这个帮助也许唾手可得,也许遥遥无期,我们能做的就是保持初心,努力上进。

我与这个客户在 2007 年至 2022 年一直保持着良好的联系,其间他给我推荐过一些客户,包括他的兄弟姐妹、亲朋好友、左邻右舍等。在 2019 年年底的时候,客户有四套房子的露台门窗需要封闭,仍然找我来做门窗。十多年的相处,我一直保持着偶尔的主动售后或者增值服务,比如说主动维护、维修门窗五金以及免费擦玻璃等。

有一次的主动免费擦玻璃就搞得很尴尬。原因是我安排的保洁员去客户家擦玻璃,擦完后客户提出也要给她父亲擦玻璃。她父亲家的门窗不是我做的,而且不在同一个小区。无论如何,我还是尽量满足客户的诉求,也就按照客户给的地址派保洁员去擦玻璃。因为我知道高端客户的服务标准比较高,我选的保洁员也是非常优秀认真的。我一再嘱咐要微笑服务、精益求精。然而到了客户父亲家里擦完玻璃后,

创业篇 / 161

老爷子提出让保洁员清洗灯具的要求，这可不是他们的专长。但是老爷子提出来了，保洁员勉强接受继续弄。老爷子感觉他们不好好干，就生气了，于是马上打电话反映到我的客户——他女儿那里。他女儿迅速给我打电话，也是一点不客气。我虽心急火燎但只能心平气和地给保洁员打电话了解情况。最后让保洁员和老爷子把情况说清楚后，便即刻离场。

我是如何处理客户抱怨的呢？

首先是诚恳地认错和道歉，我说：

> ×总您好！刚刚擦玻璃的师傅也给我打电话沟通了一下今天的事情，无论如何，没有办好事情惹您不高兴了，我先给您致歉。我把星河湾做的价值1万元的纱窗免费送给您，以表达我的歉意，也感谢您及时反馈情况。

对于这个事情，可能大家都很郁闷和不解。一不是自己的直接客户，也不是自己做的门窗；二不是收费项目，还是不搭边的事情，为什么还要这么为难自己呢？实际上，这样的事情在前面的案例中已有多个了。我的标准，或者说自我要求是"在能力范围内无条件满足客户"。因为我相信来日方长，这个事情处理完之后，我们仍然保持着良好的合作关系。

切记，客户的事就都不是小事，只要合作愉快，以后四两拨千斤的机会肯定会出现。

挑战与成长

2007年三月底,我迎来了我人生中第一次创业。我店铺的名称叫"尖草坪区泰明门窗幕墙经销部"。

那个时期,更换门窗的市场规模比较小,人们对门窗的重要性认识也不是很高,市场处于萌芽阶段。印象中,我的第一个客户选用的是一款推拉门。因为创业初期缺乏经验,包括测量、安装甚至产品介绍都没有前辈指导,我只能自己琢磨销售和安装等问题。在客户交了货款后,我便去测量尺寸了。第一次测量推拉门时,我也不知道注意事项。现场的洞口已经包好了木制垭口套线,按照标准,在这样的现场条件下,门的尺寸在洞口的基础上寸减3~5 mm就可以了。然而,由于我担心安装时出现问题,就在洞口的基础上减了15 mm,如此导致成品效果欠佳。经过我的一番貌似无理的解释,客户无奈接受了这一结果,但是我的内心十分惭愧,毕竟未能呈现出一个令客户满意的效果,而这大部分原因是由于我的经验不足。

不久,我遇到了一个大客户——一笔10万元的阳光房订单。因为当时建材市场比较少,竞争也小,拥有阳光房样品展厅的也不多。市场里销售门窗阳光房的只有两家。也许是这个客户对颜色的敏感度

较高,她一眼看中了我展厅中的绿色门窗样品。当时也没有太多的产品介绍,她就付了 80% 的货款。我的内心欣喜若狂,当时骑着一辆电瓶车,兴奋地狂奔在工地与展厅之间。阳光房不同于门窗,阳光房是需要出效果图的,工程很快就到了测量出图的阶段。

然而,我刚刚开店,根本没有多余的人员,更没有技术人员。于是我就跑到了山西大学美术学院寻找会画图的学生。我在美院的楼上楼下挨个教室询问,最终一位同学把我引荐给环艺专业的张彦宏同学。简单介绍后,我们就达成了共识:他帮我出图,我支付报酬。第二天,我就联系他一起去测量出图。

一两天的时间,他就把阳光房的效果图做好了。简单修改后,我拿给客户看,客户同意按图施工。在具体的施工细节方面,我提出了我的观点,但是这位客户是一个比较强势的女士。经过沟通,最终决定按照她的意思施工。

一个多月后,阳光房和配套的门窗都安装到位了。然而,还有 2 万元的尾款未付。安装完成后,效果也不是很完美。客户开始挑毛病了,试图少付或拒付尾款。对富人来讲,两三万元不算什么,但是对我们赚辛苦钱的平民百姓来讲是很重要的。最终,我哭得稀里哗啦才把这个钱要了回来。

过了几天,我就买了我人生中从未想过的第一辆车——"长安之星"面包车。那年我27岁,感觉自己的进步特别快。买车后的兴奋感和幸福感可以形容为"在睡梦中都能笑醒"。可能对于家庭条件好的人来说,这根本不算什么,但是对于我们这些从农村走出来的人来讲,却是意义重大。

阳光房实景。爱上阳光房的三大理由:出于美观——精致的加建结构让住宅充满特色;出于情感——人们希望更贴近自然生活;出于实际——人们需要更宽敞的居住面积。

我的小作坊

我的门窗展厅是2007年开业的。当时,大一点的门窗厂只专注于大型项目,不去理会门窗零售店。所以,我们接到订单后就只能找一些做工好的小门窗厂来加工。这样的模式持续了近一年,问题逐渐显现:在不忙的时候,大家都不忙;在忙的时候,门店和工厂都忙,导致这些小门窗厂在高峰期没有时间为我们这些零售店加工门窗。

因此,2008年,我就有了自己开工厂的念头。我的第一个门窗车间的面积大约有300m²。我是做销售的,当时不懂加工技术,也没有在车间干过活,于是就找了一个年轻人与我合伙做门窗加工的管理,

2021年10月15日,我在山西经济管理干部学院建筑系与学生分享门窗专业知识。

慢慢地，我发现这个后生为人不厚道，偷偷变卖我的材料，我就终止了与他的合作。

这个车间运营了一年多，但由于太原市规划开发，拆迁成为必然。于是，我开始寻找新的场地。2009 年我找到一个独门独院的场地，有 3 000m²，我找了个合伙人一起共用此地。我请我的初中同学帮忙管理车间的事务。同样经历了一年多的时间，我感觉与这位合伙人三观不合，于是在 2011 年，我就重新在太原的一个村庄找到了合适的车间。这个独门独院的车间我很满意，房东也很好，场地面积有 2 000m²，并设有车间、办公室、工人宿舍。我在这里的时间是最长的，从 2011 年至 2015 年，整整四年。直到太原筹备中国青年运动会，这里被规划为青运村，我才无奈再次搬迁。

在这里，我还想到一个最重要的"看门人"——我的大狗狗。我没有太华丽的词语来表达我对狗狗的爱和情谊。我感觉有愧于狗狗。因为后来车间搬迁了一次，我在无奈之下只好把狗狗送给了一间寺庙。

门窗进高校

2021年10月15日，我第一次走进高校，为建筑工程系的学生上课，或者说是分享我这十多年来积累的门窗知识以及在现实生活中的为人处世经验。有人说，当我们走向社会，一定要与比自己经历更丰富且优秀的人交往，你会发现聊的都是现实、格局和处世之道；而同肤浅的人聊天，除了攀比就是嫉妒和吹牛。

我们每个人在一生中肯定会遇到一个人或者一件事，对你的未来起到决定性作用。

我要分享一个亲身经历的故事：2005年的时候，我在一次跑业务的过程中，遇到深圳装饰集团总公司的一位项目经理。他给我留下了一句话："一定要与比自己优秀的人交往。"这句话为我指明了人生的努力方向。因为我们每个人生活在这个大千世界，每天都会遇到形形色色的人，不得不与他们打交道。有的人阳光积极，有的人懒惰无能，所以，这句话就告诉我们，与什么样的人交往，排除什么样的人。

我们要坚信，每做一件正确的事情，都是对现在和未来的一种尊重。只要是对的事情，我们就要努力去做，只有好处，没有坏处。因为你不知道做这个正确的事情会给你带来什么样的收获，也不知道在做这件事情的过程中会遇到什么样的人，更不知道会衍生出什么样的好事。也许你会遇到你人生中的伯乐，也许会遇到志同道合的伙伴，也许在交流的过程中，你的思想会得到很大的提升。因此，每一件正能量的事情和高端的产品，都会给你带来不可预测的附加值。

2021年8月，山西某公司和山西某职业技术学院联合发起了"门窗进高校"活动。在接到公司董事长闫先生的邀请时，我毫不犹豫地答应了给高校学生讲课的任务。这门课由几个老师轮流讲，有的讲门窗五金，有的讲型材，有的讲玻璃和安装，我讲的是铝合金门窗，包括建筑设计、结构设计和热加工等。

开学季临近，与学校的老师对接好时间后，我们各自开始准备教材讲义，为10月份的开讲忙碌起来。

专科职业院校的学生，高考成绩自然与大部分本科院校相比有一定的差距，这是不争的事实。门窗课程是一门选修课，因此有些学生不是那么感兴趣。在其他老师讲课的时候，我也提前坐在后排试听了一下，观察学生的听课情况，以便为我的讲课作一些参考。我发现，有一部分学生不太专心听讲，时不时会玩手机。我想，我们辛辛苦苦备课换来的怎么是学生的敷衍呢？

于是，我在上课的时候提出了一个特殊的要求：开课前，所有同学关闭手机，不想听课的可以离开。当时居然没有学生离开教室。到目前为止，我一直在反思：我的这个要求是对还是错？我该不该对学生提出如此苛刻的要求？如果学生接受不了我的要求而离开教室，我该怎么办？无论如何，我有我的观点和主见，不会被别人的负面思想所左右。三个小时的课程不经意间很快结束了。这个校区坐落在山脚下，树木茂盛，空气清新，建筑整齐有序，陪同老师带领我们参观完美丽的校园后，我们愉快地告别，重新开始了各自的工作。

亲而誉之

"太上，下知有之；其次，亲而誉之；其次，畏之；其次，侮之。"这句话出自《道德经》。意思是：最好的统治者，人民根本感觉不到他的存在；较次一等的，百姓亲近而称誉他；再次一等的，百姓畏惧疏远他；最次一等的，百姓轻蔑反抗他。作为一个专注门窗行业近20年的产品服务商，我们应该用什么样的理念回报和感恩客户呢？至少也要做到"亲而誉之"吧。

我在门窗中高端零售市场首次以商户无条件增值服务颠覆客户为例，深度探讨门窗零售市场售前、售中和售后服务理念。我的主要发现和结论如下。

首先，改革开放40多年，随着市场经济的迅猛发展，目前市场已经呈现供大于求的局面，竞争无比激烈，信息透明至极。客户更容易了解和辨别产品的质量，也更可能借助互联网、短视频等新媒体渠道学习到的产品知识来对应商户。

其次，市场竞争激烈且呈现恶性竞争的局面。商户的成本越来越高，人员工资不断攀升，展厅面积越来越紧张，产品优势却不明显。

最后，鱼龙混杂的闲散商户涌入门窗零售市场搅局，市场秩序逐

五层玻璃两腔体的节能中空隔音玻璃。

渐混乱。

因此，我们需要客观全面地评价门窗市场的乱象，提升服务意识。

2018年6月3日，我接到了客户的一个售后诉求。这是一个比较简单的售后问题：推拉门脱轨或者推拉不顺畅。中午接到电话后，我立即安排售后服务人员对接此事。确定好时间后，下午就过去排查问题。同时，业主提出了一个与售后无关的需求：能否帮忙订一块玻璃？原来客户把自己文件柜上的玻璃不小心弄碎了。服务人员征得我的同意后，完成既定任务并测量好玻璃尺寸后随即离开了。至于玻璃的成本是需要与我对接的。一块玻璃的成本说大可大，说小可小，毕竟我们还要去玻璃市场订购、提货并安装等。

对于这个售后问题，我的态度和决定是这样的：首先，给客户的答复是"全免费"；其次，这个"全免费"是售后免费、材料免费、推拉门配件免费，甚至与我无关的文件柜玻璃也全免费。这个决定可能就是客户说我颠覆了他对商家看法的主要原因。

我常常这样要求自己：少说多做，用行动来诠释对每一位客户的感恩。其实对于这个客户我还有个遗憾，就是以前对于客单价不大的客户，我没有记录在册，所以失去了他的联系方式，导致这位客户在使用过程中没有享受的"主动售后"。往后，我也要加强对中小客单价客户的主动售后服务，这也是需要提高的一个方向。

微信沟通记录分享：

创业篇 / 171

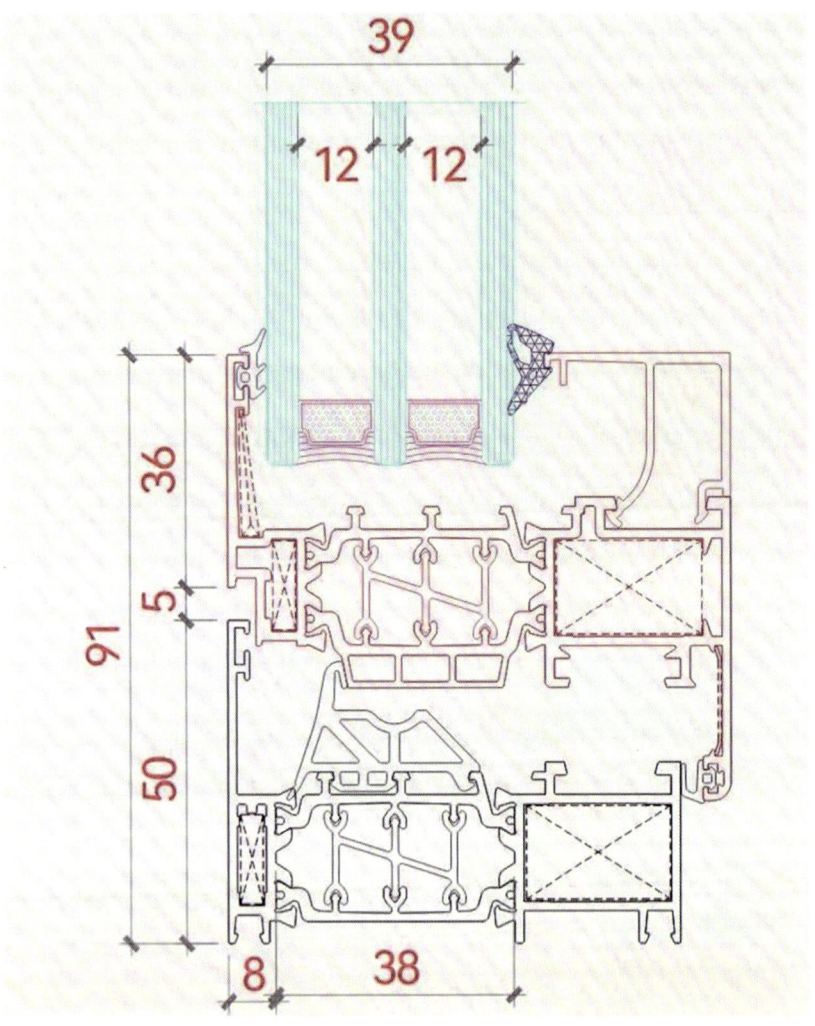

多腔体的隔热断桥铝门窗系统，配置三层两腔隔音玻璃，玻璃总厚度为 39 mm。

业主："张先生，可以安排售后吗？"

我："稍等，正在安排，不用担心，所有售后都是免费的，而且没有时间限制。文件柜玻璃也帮您免费购买和安装。"

业主："太感谢了。玻璃是有成本的，不能这样。"

我："没关系，对客户都这样。"

业主："不行，能帮我安装就感激不尽了。恕我直言，您的做法颠覆了我对生意人的看法。"

我："必须的。"

业主："我只想说我好幸运。"

（第二天中午。）

我："文件柜的玻璃已经做好，推拉门的五金配件我们有备货，一会儿过去给您安装。我们努力在24小时内解决售后问题。"

业主："谢谢。"

（随后发了一个红包，我未接受。）

业主："祝生意兴隆，财源广进，不能让你赔钱。"

（第三天我回访业主。）

我："昨天安装好了，您是否满意？"

业主："老人都感动哭了，非得让我帮您做宣传。"

我："满意就好。我对客户都这样，只是当时您的订单小，就没有做过主动售后。但是有问题，同样会按照大客户标准处理。不论时间、不论任何问题，我们都是全免费（不存在材料费、人工费等任何费用）。没有主动为您维护我们的产品，真是惭愧。"

业主："如果还有买房的机会，我还是义无反顾地选择你们家。"

我："感谢，您肯定还会买房的，下一步就是别墅了。"

业主："谢您吉言哈。"

这次售后就这么愉快地结束了。至此，我们回到开始的那句话"太上，下知有之；其次，亲而誉之"。在我的思想体系里，什么才是至高无上的服务呢？应该是用行动诠释"客户是上帝"，用职业道德和者我们先辈的传统美德要求自己，客户满意是我们的追求目标。

更重要的是，日后我们必定能够得到比客户满意更大的惊喜。这才是我们今天研究本案例的价值所在。

这样的产品售后问题在我们生活中比比皆是，如果我们以另一种态度去对待此类问题，试想一下会是什么样的结果。

态度1：已经过了质保期，我们不用去理会这位客户。

态度2：我们以高额的售后服务费做售后服务。

态度3：我们对待客户爱搭不理。

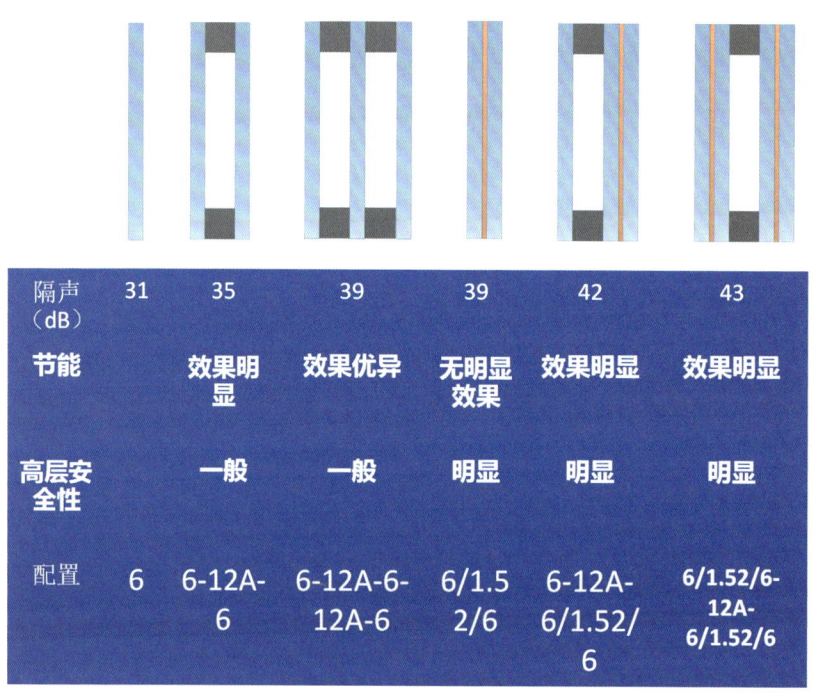

隔声（dB）	31	35	39	39	42	43
节能		效果明显	效果优异	无明显效果	效果明显	效果明显
高层安全性		一般	一般	明显	明显	明显
配置	6	6-12A-6	6-12A-6-12A-6	6/1.52/6	6-12A-6/1.52/6	6/1.52/6-12A-6/1.52/6

性能对比：中空玻璃节能效果优异，能满足一般建筑的隔音降噪要求；夹层玻璃在安全性方面表现突出，具备更好的隔声效果。

近朱者赤

在每一位客户身上，我都能学到很多有价值的知识和为人处世的道理。此篇要分享的是我的 VIP 客户岳先生的故事。为什么他是我的 VIP 客户呢？因为在近十年的时间里，他多次找我做门窗和阳光房。

他的身上有很多优点，与他交往本身就是一种进步。我常常对特别努力的人讲："一个人要想优秀，一定要与比自己优秀的人交往。"我要讲一下岳先生的优点：首先，他是太原人，具备晋商文化蕴含的勤奋、刻苦、谨慎的作风；其次，早年间他在上海买房生活，又兼具了上海人精致的生活气息与敏锐的市场洞察力。借此案例，我来分享一下晋商文化。

晋商之所以成为一种文化，有其过人之处和现实意义。晋商文化包罗万象，单从信仰来说，当时山西人信仰关公，关公是忠义的象征，一个群体有共同的信仰，才能团结在一起；一个家族因为共同的血缘和以家谱为代表的精神文化，才能一起外出创业。那么，现在在外的山西人能否以共同的晋商文化作为信仰，继承或恢复前辈的哪怕一点点辉煌呢？这种趋势是有的。以前碰到老乡，没啥感觉，现在明显不同了，有了共同的话题，人与人之间的距离很快缩短了。工作或生意上遇到老乡，确实不一样。现在我们提倡的晋商文化，我认为是先辈创造的文化，今天的山西人应该信仰并传播它。

晋商文化有许多值得称赞的地方。晋商成功的根本在于儒商精神。受儒家文化影响很深的晋商，有着很先进的经商理念。儒商精神的根本在于"诚信"二字，这可能也是现在社会上比较缺失的一种价值观念。

明清山西商人称雄国内商界，"生意兴隆通四海，财源茂盛达三江"是他们的自我写照。他们的成功令人瞩目。他们是如何取得成功的，是一个很值得研究的问题。我们知道，每一种社会实践活动都有一种特殊的精神作为其灵魂，这种内在的灵魂是实践活动中最活跃的能动力量，而从事这一活动的人就是这一特殊精神的创造者和实践者。明清山西商人的成功，就在于他们是在一定的历史条件下自觉或不自觉地发扬了一种特殊精神，它包括进取精神、敬业精神，我们可以把它归结为"晋商精神"。这种精神也贯穿于晋商的经营意识、组织管理和心智素养，可谓晋商之魂。

建筑门窗作为高品质建筑的"眼睛"，其颜值和功能的融合是诠释建筑美学的重要体现，也是每一位门窗人的神圣使命。打造健康舒适的休闲生活空间，首先要在方案设计中注重门窗与窗套的统一效果，更要关注颜色的搭配。无论是南方还是北方，铝包木材质的门窗在隔音、保温方面都是很好的选择。

进取精神：所谓"天下熙熙，皆为利来；天下攘攘，皆为利往。夫千乘之王、万家之侯、百室之君，

作为自建房，一定要关注门窗的窗型设计风格及其保温、隔热、安全等功能。

自建房雪后的美景。

尚犹患贫,而况匹夫编户之民乎。"由利益而驱动的进取精神,是明清山西商人鏖战于商场的精神动力。

敬业精神:敬业精神是事业成功的源泉,而勤奋、刻苦、谨慎的作风,则是敬业精神在实践中的具体体现。

一是勤奋,这是大多数山西商人具有的良好品质。

二是刻苦,不怕苦、不怕累,这也是大多数山西商人的良好品质。他们经商跋涉数千里,习以为常。

三是谨慎,山西商人以谨慎闻名。这并不是说他们不敢经营大业务,恰恰相反,他们对大业务抓得很紧。但他们不轻易冒风险,不打无准备之仗,而是在充分调查了解情况的基础上,才拍板成交,以避免不必要的损失。

这就是我在岳先生身上看到、体会到一个优秀三晋人的形象。当然,每个成功的人身上还有很多值得发现和学习的地方,让我们慢慢体会、慢慢理解。

所以,感恩遇见,优秀的人身上散发的每一道光,让我们奋发努力去追赶。在沉浸式的追赶过程中,你会忘记负能量。在这个你追我赶的道路上,越努力越幸运,你有多努力就有多运。

十里洋场烟花地,风云际会上海滩。

中西方文化的交融,让热爱生活的人更加精致与细腻。每每想到魔都上海的点点滴滴,脑海里不禁浮现以下画面。

路美:从一条被梧桐包裹着的街道开始,从上海香榭里大道走起,有时候会怀疑自己是不是在某个欧洲风情街头，然而耳旁飘来的一句熟悉的普通话又会把自己带回现实。哥特式风格的建筑，爬满了绿色爬山虎的外墙。

绿荫：最爱的香山路静谧清幽，前头的瑞金二路还有点喧闹的城市气息，香山路则自带消音系统，在绿荫下滤去了纷纷扰扰的世事喧嚣。

夜上海：某年某月的某一天，用耳机听着《夜上海》，走在石库门的路上，"只见她笑脸迎，谁知她内心苦闷，夜生活都为了衣食住行"，"有多少人为了生活做出的努力是你不曾看见的"。

文艺：上海的每一隅都会给人意外的文艺感，生活的精致、来去匆匆的工作和闲适的哀愁，时而暧昧时而深刻的故事，不知道会不会在下一个街角出现。张爱玲笔下的上海文艺，我都在期待。

诗意栖居：今年初夏，我和好朋友去顾村公园看了樱花，徜徉在粉色的花海里，读了冰心先生的《樱花赞》，就好像整个世界都静止了一般。"倾城看花奈花何，人人同唱樱花歌。"

底蕴：现代与古代互不打扰，老城文艺风韵，新城现代大气！

2015年,我们完成了一个当年最大的别墅项目。业务范围包括了门窗、阳光房、防盗纱窗、百叶玻璃、实木门、实木整装定制、玻璃雨棚等产品。

散漫：在上海这座城市，节奏变化很快，你没有必要每天都紧绷着自己的弦逼着自己成长。在博物馆看一场展览，去大学路走一走，又会有不一样的新体验。

汉源书店：在这里，我会感觉到有那么一个角落属于我。径直走进去，在老地方开始静静地看书。我最喜欢角落的幽静。

街头歌手：周末下着雨的地铁站，总有吉他手唱着 beyond 和薛之谦的歌。

新天地：回家前路过新天地，听见沿街的歌声，顿时觉得所有的喜怒哀乐都归于平静，只想这么一直听下去、听下去……

外滩：还记得我刚到上海的时候，一定要拉着朋友带我去外滩，从这头走到那头，看着对面的霓虹灯，吹着黄浦江上的凉风，那是第一次感受上海的魅力。

武康大楼：身处文艺清新的那条道路上，就不得不去武康大楼了。我欣喜地发觉，原来无论我在哪儿迷失，它都在看着我，我终究会到它这儿来的。

京沪高铁

2010 年 9 月,我有幸前往安徽滁州参与京沪高铁定远岱山标段护栏项目。这是一个跨区域、跨领域的挑战。相比现在,那个时候的我一门心思只想着干活赚钱,干劲十足,风雨无阻,无怨无悔,兴奋不已。于是,我把门窗的业务交给同事,便赶往 1 000 多千米外的陌生环境打拼。出发时,我找了两个合作伙伴:一个是我的忘年交武先生,另一个是我的同行周先生。周先生是安徽本地人,我想着他在当地能够提供一些便利条件。之前,我对安徽的印象一直很好。

首先,我们前去熟悉工地以及项目所需的相关配套设施。因为这是一个机械化程度不高的工程,几乎依赖人海战术。一个小小的护栏就需要几百个工人操作,而施工现场大多在荒山野岭。

这是一个不具备人类生活条件的荒郊野外,吃喝拉撒样样都成问题,做饭就是在露天的地方拿石头、砖块垒一个可以放锅灶的台子;住需要跑到几公里外的农民家里租房子,虽然价格不贵,但是老乡家里也没有那么多床铺,我们只好用木工板打地铺。条件极其艰苦,衣食住行简陋,干的都是体力活,但工友们都具备吃苦耐劳的精神,无怨无悔地努力干活。安徽乡下的农民品性特别好,一如既往地传承了

2010年,我跟随一位客户参与了位于安徽滁州定远县的京沪高铁标段的护栏项目。

那份淳朴和热情。他们能为下班后的工友们烧一壶热水或者送上一个甜美的微笑,这些点点滴滴都能体现他们的淳朴和热情。

夏天烈日炎炎,骄阳似火。工地现场没有草木,没有任何乘凉之地,唯一的避暑办法就是戴个草帽。这不禁让我想起了《悯农》中的诗句。

尽管农民很辛苦,面朝黄土背朝天,但他们至少面对的是黄土与禾苗。然而我们的工地现场除了沙子、水泥就是石子、钢筋。一场大风袭来,工地上尘土飞扬。对于一个高铁建设者来讲,这样的环境是多么艰辛！而我作为这个项目的负责人，可能比工友们更加煎熬：安全、食宿、资金、技术沟通以及不可避免的工地纠纷，都让我头痛。岁月静好的背后其实是一地鸡毛。

转眼到了冬季。安徽的冬天多是寒风和冰冻的天气，偶尔还会飘点小雪。对于一个习惯了暖气的北方人来说，面对当地雨雪湿冷且没有火炉更没有暖气的住所，我感到格外艰辛。在工地，我和几个工友住在一个简陋的砖墙小屋里，四处漏风。天气越冷，工友们的衣食住行难度越大。于是，我们想办法在工地搭建了一个简陋的铁皮房，用它抵挡工友们吃饭时遭遇的寒风。

在房子快要完工的时候，因为工具不全、材料拼凑等原因，房子突然倒塌，我和两三个工友压在铁皮和钢管之下。万幸的是，这次老天眷顾了我们。后来经过大家的帮助，我们还是重新搭建完成了这个铁皮房。在生活中，尽管我们特别努力、勤奋、诚恳地工作，但依然会面临各种各样、不可预测的事情。这是一种常态，而正是这些艰难困苦，让我们收获了丰富的经验，战胜了困难，也磨炼了自己。

在京沪高铁项目近半年的时间里，我也会隔三差五回趟家，尽管距离遥远，但回家算是一个美好的向往。近1 000千米的路程，我一个人开车全程不休息，一次性开十几个小时到家。2010年是我结婚第一年，妻子一个人在家难免孤单害怕。记得有一次，妻子埋怨我去安徽修京沪高铁太辛苦，不能在家陪她。我顿感五味杂陈：工地的艰苦、

门窗为生活带来美感。

陌生的环境、生疏的工种，还有工地上乱七八糟的烦心事，让我无法控制地掉了眼泪。

京沪高铁是国家重点工程，具有里程碑意义。修建工期一而再再而三地提前，而天气越来越冷，施工时间也越来越短。指挥部要求赶工期、提进度。工友们文化知识比较低，做思想工作难上加难。

虽然这次远赴他乡，参与了一个不是自己专长的项目。虽然没有获得什么经济收益，但是我收获了宝贵的经验。修建了一段京沪高铁护栏，或许也是我成长过程中的一份荣耀。

我在上海交通大学田径场跑步。

完美主义者

"精益求精"形容好上加好,永无止境。

《论语·学而》:"《诗》云:'如切如磋,如琢如磨。'其斯之谓与?"宋代朱熹注:"言治骨角者,既切之而复磋之;治玉石者,既琢之而复磨之,治之已精,而益求其精也。"

此刻是 2022 年 12 月 5 日傍晚,感恩多年来的客户依然支持我的门窗事业,我也非常期待和祝愿你们每一天都是美好的。在今后的岁月里,我希望继续得到你们的信任与鼎力支持。我怀着感恩的心,诚实、认真、精益求精地做好每一件事,听取每一份建议,努力为每一位客户定制满意、个性化的服务。赠人玫瑰,手有余香。客户的好评是对我最大的信任和鼓励,也是我不断进取的动力。在我的内心深处,有一个坚定的信仰:"滴水之恩,莫忘报;恩人之情,莫忘还。"

客户和贵人是我前进道路上的舵手。客户是进取过程中的衣食父母,贵人则是艰难时刻

中式实木风格窗。

能够助你一臂之力的人。2010年，我代理了一个国内相对不错的铝包木门窗品牌，这个品牌在当地有一定的影响力，做得风生水起。那一年我给一位客户安装玻璃的过程中发现有一个门窗玻璃内有雾气，随即把情况反映给工厂，工厂承诺更换却敷衍了事。日复一日，三个月过去了仍然没有更换，再三催促也无济于事。最终我只好自己在当地选择一家最好的玻璃厂，重新制作了一块玻璃为客户更换。即便如此，客户也没有生气，而是心平气和地和我一起研究解决方案。

2010年，通过一个设计师朋友的推荐，我认识了这位精益求精的客户雷先生。直到现在，我们还保持着非常好的业务往来。我从这位客户身上学到了精益求精的工作作风和严谨的生活。

如果说精益求精是对他人的苛刻要求，那么雷先生在这个基础上加上了人文关怀。因为不同的年龄和不同的知识积累会带来不同的认知。这位客户给予了我学习和进步的机会，让我在成长过程中有一个缓冲的时间，让我受益匪浅。雷先生的与众不同在于，他会告诉你一件事情精益求精是什么标准，如果你不懂，他可以给你示范一遍。而且他不骄不躁、心平气和地用行动告诉你一件事情应该怎么办。

在我安装门窗的过程中，雷先生对洞口大小、安装距离、辅材选择、固定件材质、洞口的清洁卫生都有明确的要求。尽管他不是专业人士，但是会把每个细节想得细致入微。我把施工现场形容为"一尘不染"，可能听起来有点夸张，但这是事实。一个家庭的干净卫生和精益求精的严谨作风，对家庭的兴旺有着至关重要的影响。

我非常珍惜与客户见面的机会，更崇尚与客户进行思想交流。人们常说：提出一个有价值的问题，远远比解决一个困难更重要。是的，对于每一个努力追求进步的青年来讲，能够与比自己更优秀的人交流是一种缘分。这种缘分一定是建立在更加努力的基础之上。如果自己不够努力或者上进，怎么会得到比自己优秀的人的赏识呢？

所以，我时刻提醒自己：今天你努力进步了吗？

进步体现在任何地方都要严格要求自己。

别墅折叠门案例。

利他主义

在私宅装修行业中，停工的情况极为罕见。我从事门窗行业近20年，也极少遇到这种情况。然而，2014年，我遇到了一个特殊的案例：一套别墅在装修几个月后突然停工了。当时，别墅的露台加建和部分门窗更换已经完成，但剩下的门窗和阳光房项目却戛然而止。客户通知我暂时不要下单安装，具体原因我并未过问。已订购的门窗和卷帘窗中，门窗已安装完毕，卷帘窗的材料也下了一部分，且客户已付清全款。

转眼三年过去了，工地依然没有复工的消息。其间，客户偶尔联系我，提到房子计划出售。这让我心里忐忑不安：货款已付清，订单却半路停止了。虽然未开始制作，但款项已支付给工厂。如果退款，手续会非常麻烦，而且厂家通常不会轻易退款。幸运的是，客户并未

餐厅北阳台门窗的实景

厨房门窗设计参考。

客厅和餐厅门窗的设计参考。

提出退款要求。

  作为一名拥有职业道德的个体工商户,我始终坚持多为客户着想,即使展厅搬迁至新址,我依然与客户保持联系。2017年10月,我的新门店搬至新商场，我通知了客户新店的具体地址。

转眼又是一年，依然没有动静。我只能顺其自然，每逢节日发条微信祝福，表达我依然在行业中健康发展。

2019年7月，我终于收到了客户来访的消息。这位客户与大多数客户一样，礼貌而客气。这次来访，她主要有两个任务：一是告知我原来的房子已出售，旧门窗无须再处理；二是她新买了一套别墅需要更换门窗，并了解近几年新推出的门窗产品。

我们约定了时间，前往新房子测量门窗和阳光房的尺寸。随后，与设计师对接图纸方案，这些都在短时间内高效完成。关键问题在于如何处理上次遗留的余款。主动权在我手中，而客户对新房子非常满意，希望尽快装修入住。因此，她这次直接带来了现金支付货款。

我列好清单后，客户表示认可。我主动提出："上次的卷帘窗虽然已下料制作，按道理客户应承担所有货款，但我已让工厂合理利用了一部分材料。因此，这次的货款中，我为您减免30 000元。"这一举动让客户感到意外，她没想到我会主动退还部分款项。门窗和阳光房的总价达十多万元，我为她省下了三万元。这种合作方式让客户感到惊喜和满意。

本书中的许多案例都体现了"舍与得"的道理。这个道理大多数人都懂，但并非所有人都能做到。这次合作的成功，一方面是为了抵扣上次遗留的货款，另一方面也是客户对我为人处世的考验。

如果我斤斤计较，坚持让客户承担上次的余款，也是合情合理的。然而，我选择退一步，多为客户着想，这让我在后续的装修过程中获得了更多合作机会。事实证明，我的选择是正确的。

任何事情说起来容易，做起来难。只要勇敢、理智地为他人着想，就能在竞争中脱颖而出。

种下善良，必得善果

心是一块田，种瓜得瓜，种豆得豆。做事，不问收获，只管耕耘；不计较得失，往往得到的会更多。这是我通过帮助陌生人而获得客户的一次经历。

2018年的一天，我在太原一个高档楼盘为客户更换新门窗。整个楼盘的大部分业主都在装修，对门窗关注度高的业主通常会优先选择更换门窗。我认为这是热爱生活的一种表现，毕竟门窗对家庭的重要性不言而喻。下面我从三个方面讲一下门窗的重要性。

一是隔音性能。许多朋友反映，家里的门窗隔音效果很差，尤其是靠近城市马路的房子。虽然是景观房，窗外风景如画，但到了晚上，休息时间却常常被各种机动车的轰鸣声打扰，令人痛苦不堪。二是保温隔热。门窗的好坏直接影响家庭的保温隔热效果。如何判断门窗的好坏？简单来说，就是站在门窗附近，冬天不会感到太冷，夏天不会感到太热。这是检测门窗保温隔热性能的最简单的方法。三是安全与装饰效果。在装饰界有"天人合一"之说，色彩搭配是非常重要的环节。如果一个温馨的家能够将家具、地板、门窗统一成一个色调，岂不是更加完美？这也是更换铝包木门窗的重要性之一。当然，门窗还能为家带来许多美感。

言归正传，就在我手头的安装工程快要结束时，一位业主进来求助，说他家的门窗开关不顺畅，希望我们帮忙维修。对于专业人士来说，处理这样的问题轻而易举。我随即带人前往维修，简单检查后，发现只是五金件需要调节，我们很快便解决了问题。

这位业主热情地拿出茶点招待我们，并询问维修费用。我笑着说："举手之劳，不要钱。"业主连连道谢，并表示以后需要门窗一定找我们。或许有人会说，这样的帮助谁都能做到。其实不然。有一次，我骑自行车时发现轮胎缺气，便顺着导航找到一家自行车修理点，向老板借用打气筒自己打气。完成后，我礼貌地道谢并准备离开，老板却叫住我说："打气费用是一块钱。"我心里想：汽车轮胎比自行车复杂多了，但汽车修理点通常免费补气，而这家自行车修理点却连顾客自己动手打气都要收费，真是不可理喻。从此以后，我再也不去那家修理点，不是因为付不起一块钱，而是因为他的行为让人感到诧异。

一两个月后，那位曾求助的业主给我打电话，说要将他家两套房子的五金件换成进口平开上悬五金，并更换所有纱窗。正所谓："付出不一定有回报，但没有付出肯定就没有回报。"后来，他儿子的房子装修时也找我更换门窗，这或许就是"种下善因，必得善果"吧。

面对这样的建筑洞口，越来越多的人选择开启方式为右开。但是要注意的是，选择门窗五金配件时，应确保其能够支持180°的开启角度。

和气生财

2014年，通过老客户的推荐，我认识了一位新客户。她是一位就职于国企财务部门的女士，说话干脆利落，衣着简单大方，待人礼貌，办事果断，从不拖泥带水。

一天，她带着闺蜜来到我的门窗展厅。她一进门，面带微笑，幽默的性格让人倍感亲切。简单的寒暄后，她们开始参观展厅，仔细了解门窗的品质和性能。我了解到，她们家里的门窗是普通的塑钢材料，抗风压、水密性、保温性以及安全性能和使用寿命都难以满足她们的需求。当时，性价比和品质都比较好的选择是隔热断桥铝门窗。客户对此略知一二，又是通过可靠的朋友推荐，成交是自然而然的事情。选好产品后，我仔细讲解了门窗的性能和价格的组成部分，随后邀请她们到茶室喝茶详谈。聊天是信任的传递，也是同频人对产品质量的认可，更是愉快合作的基础。没过多久，她家和闺蜜家的门窗就更换完毕，她们非常满意。为此，她的亲戚、朋友和同事陆续为我推荐了多位客户。当然，我对每位客户的服务都让他们感到满意，这也是我的专业强项和一贯作风。

2018年发生了一件事。这位女客户的另一套房子是精装修房，门

2023年8月1—3日,我在上海参加一年一度的门窗幕墙博览会。

2013—2016年,太原现代家居一号馆门窗展厅一角。

窗的品质还算可以,她不想大动干戈地更换门窗。但她家门窗的五金件比较差,经过反复研究,她决定只更换五金件,将平开五金件改为既可以平开又可以上悬的进口五金件。基于前期的合作和良好的信誉,加之她曾为我介绍过很多客户,这次我没有按照常规的付款方式执行。我们口头说好价格后,我便安排订货并很快完成了更换。当我开始提及货款时,或许正赶上她心情不好。她问我多少钱,我回答:"更换进口平开上悬五金的价格以前已经发送到您的微信。"她却说:"你的价格太贵了!"我突然间懵了,心想:这是说好的价格,怎么不承认了呢?这完全不是她为人处世的风格啊!以我多次接触对她的了解,她不应该是这样的人。我心想,是不是她今天遇到了什么不高兴的事情?于是我没有过多争论,只是说:"您仔细想一下,这是说好的价格。如果您现在不想给的话,就以后再说。"

我们礼貌地结束了这次沟通。即使客户不给这笔钱,我也觉得可以接受,毕竟她曾为我介绍过客户,也找我安装过几次门窗。大约一年后,客户突然问我上次的五金货款是多少。我便把当时的报价截图通过微信发给她,她毫不犹豫地支付了全款。此时夏天即将来临,蚊虫开始打扰人们的正常生活,她又在我这里订购了纱窗。当然,其间我们都保持着正常的友好往来。

我们在生活和工作中会遇到各种各样意想不到的事情。只要我们淡定、换位思考、保持友好，以积极乐观的心态去解决每一件事。人与人之间的相识都是缘分。待人处世要谨言慎行，来日方长才是最重要的。

门窗展厅一角。这款门窗的特点在于其一体化设计：门窗、窗套以及窗台板由同一家工厂制作，完美呈现了铝包木门窗的色彩统一。

任性

"霸道、拽、高傲",这是一个客户对我的评价。

2018年,我遇到了一位气质非凡的女客户。她说话干脆利落,做事雷厉风行,显然是一位精明能干的人士。那天上午,我像往常一样正常工作,看到一位客户在我的门窗展厅驻足观望,我便迎上去。她仔细地观察无纺布折叠纱帘,似乎这正是她需要的产品。

我礼貌而"任性"地对她说:"您需要这个折叠纱帘吗?我们这里是先报价再讲解。如果您能接受价格,我再具体介绍产品的功能和用途。这款纱帘每平方米2 200元,您看可以接受吗?"她显然感到无奈,似乎从未见过如此"无理"的商家。

实际上,我的本意是让她随意浏览,如果需要介绍,我会提前告知我的标准,以免耽误彼此的时间。客户"强悍"地回应:"价格可以接受,你介绍产品吧。"她在市场上未能找到满足需求的产品,来到我的展厅后似乎看到了一丝希望。

我首先询问了她的使用场所和未解决的难点。她详细讲解了现场的每一个细节:由于房屋结构设计不合理,卫生间的门和浴室无法实现干湿分离,而她又不愿意使用简单的拉杆帘,因此希望找到一款新

折叠门。

玻璃阳光房顶部遮阳的一种解决方案。

颖的产品。在走访多家推拉门厂家后，她仍未找到合适的解决方案，而我的这款产品正好能满足她的需求。

经过一番简单而曲折的谈判，客户交了定金，并选定了时间让我们的技术人员前去测量、出图、做方案和报价。通常，我们的订单需要洽谈两三次才能确定下单。虽然这个订单金额不大，只有两万多元，但由于我的"霸道"与强势，加上客户的"强悍"与干脆利落，订单很快确定了下来。

这款产品的工期较短，二十多天后便到货了。我们随后与客户对接了安装时间。在下单时，工厂技术员核对方案尺寸时发现了一个细节问题：产品的宽度与原方案相差一两厘米。虽然这不会影响产品的使用功能，但在关闭时，折叠帘的拉伸力偶尔会使磁铁锁拉开一两厘米的缝隙。客户对此有些不高兴。由于我们是全款下单，我对她说："您不要着急，这个问题可以解决。我们可以在靠墙处加一支同样的边框来解决。如果您不放心，我可以把全款退给您，直到您满意为止。"

客户对我的解决态度感到不可思议。我立即将全款退给了她，并附加了一句话："如果您收下，解决问题后您满意也不用再付款。"客户看到退款后心情非常忐忑，但她显然不是那种耍无赖的人。她没有立即接收货款，而是陷入了沉思，似乎对我的行为感到莫名其妙又匪夷所思。她咨询了亲朋好友和同事，最终在同事的建议下，在微信转账 24 小时过期前接收了这笔货款。很快，厂家补发的材料到货，我们前往现场解决了问题，客户对此表示满意。不久，客户便主动通过微信将余款转账给我。当然，我信守承诺，没有接收这笔款项。

社会中的不少人都争名逐利，但真正有能力做事的人都懂得"君子爱财，取之有道"的道理。此后，我们一直保持着联系。后来，客户还请我在一家高档餐厅吃了一顿大餐。吃饭时，我们聊了一些为人处世的道理，进一步增进了商户与客户之间的信任和友谊。

无奈舍弃

清零，有时是被逼无奈的选择，有时是自我提升的需要。或者说，我们每天、每时每刻都在清零——可能是清零不上进的朋友，可能是清零无所事事的亲戚，可能是清零烦恼的工作，可能是清零自己安逸的现状，也可能是清零当时特别闹心的客户。能够做出这样的决定，心里一定是五味杂陈。此刻，我要分享的是一个客户案例。

今天要讲的是一个被逼无奈的清零案例。关于客户清零的问题，着实让我心底冰凉。在我从事门窗行业近 20 年的历程中，我给自己定下了一个职业信仰："千错万错都是自己的错。"然而，万般无奈之下，我遇到了一个很难服务的"刺头"客户。面对这个特殊客户，我重新定义了服务标准和态度。尽管客户提出了苛刻的要求，我选择克制自己，无条件满足客户对产品的要求。但最终，我无奈决定舍弃这位客户。

这位客户究竟提出了哪些要求呢？大约在 2016 年，通过一位朋友的推荐，这位客户选择了我的铝包木门窗、法国特诺发卷帘窗，以及一些配套的百叶玻璃、精钢网纱窗等产品。由于品牌和品质的原因，我的产品价格略高于他们小区内驻守的商家的价格。当然，我们的产品配置、理念、安装、辅材、质保等方面都优于那些商家。客户对此

针对超大洞口设计的实木窄边推拉门。

非常认可,因此在门店看完产品后,她愉快地选择了我的产品并全款下单。然而,当订单消息传到小区驻守的商家耳中时,这些商家开始诋毁甚至作梗干扰客户。客户在装修期间频繁往返小区,时刻受到这些商家的干扰,张口闭口就是"这也买贵了,那也买贵了"。

生活中没有什么一帆风顺的事情,我们必须时刻准备迎接挑战。日复一日,客户的思想开始动摇了。一个多月后,产品基本到齐准备安装时,客户开始提出各种各样的要求。我想,这都是那些"蹲点商家"在作怪。

由于房子是精装交付的,我们在安装时铺设了地毯以防止地面被划伤。我作为一名门窗行业的老手,每个细节都轻车熟路,因此很快就完成了安装。后来,客户又补订了一个价值一万多元的卷帘窗。经过多次沟通,我决定免费送给她。然而,她开始无休止地挑毛病,声称我们在安装时划伤了她的地板,并反复找各种麻烦。尽管她是全款下单,我完全可以无视她的无理要求,但我还是克制自己。最后,她提出了一个不可理喻的要求,要求更换地板,声称需要 20 000 元。我听到这样的要求既愤怒又无奈。我说:"好的,我再多给您 5 000 元,看看其他地方有没有需要修补的,也给您补偿一些。"客户发来打款账号后,我瞬间将总计 25 000 元打给了她。此刻,她终于消停了,或

本案例采用了木索系统、铝包木门窗、卷帘窗以及纱门等产品,展现了高性能门窗系统的综合应用。

许在暗中自乐。这是我克制自己、极不情愿的一次行为。为了做到满意服务,我再次"虐待"了自己。

在后续的交往中,客户又找我做了一些配套增项产品。我还是一如既往地不搞价、全款下单,她也很爽快地接受了。在此期间,我还提供了一些免费的售后服务,比如赠送土特产、过节时免费擦玻璃以及定期门窗维护。我们保持着良好的交往。

然而,导致清零的原因出在一次售后服务。事情的起因是一个推拉门的小售后问题,这件可以说是微不足道的小事,却触碰了我的底线。这扇推拉门已经使用了五六年,只需要调试一下五金件、调一下滑轮即可解决问题,甚至不处理也不影响使用。或许每个人的要求和标准不一样吧,我也承认应该做到完美才是对客户负责。但这次,我决定有偿服务。我说:"因为已经用了五六年了,再去维修的话,两个人需要1 000元的费用。您看可以的话,我就安排售后了。"她认为1 000元的费用太高了。但实际上,一个熟练的安装师傅一次收费四五百元是很正常的,加上路费和辅材,这个费用是合理的。她失去礼貌开始发飙,但我认为彼此应该尊重、有礼貌地沟通交流,毕竟我们都是受过教育的人。或许她当时遇到了不开心的事情,心情比较郁闷,顺势拿我的售后当出气筒。很不凑巧,我当时的心情也很烦躁。她对我说:"能不能给我弄好?弄不好就退货!"我回应:"退货?你用了五六年了还退货?"她又说了一些乱七八糟的话,其中掺杂着不文明的言辞。我说:"你爱咋咋地。你好好计算一下，总价也就十二三万的货款，我送了你一个卷帘窗，退给你 25 000 元的无理要求的钱，还免费给你擦玻璃。你要有自知之明，要好自为之。"我也回怼了她。

每当我们做到仁至义尽的时候，尽管我们换位思考，尽管我们坚持服务至上，尽管我们努力克制自己，做到让客户满意，但客户仍然不满足时，我觉得该舍弃的时候就舍弃。所以，在该清零的时候，我们就选择清零吧。

厚德载物

中国有句古话,叫"真人不露相,露相不真人"。真正有实力、有内涵的优秀人物,往往不显山露水,也不张扬自己,说话低调。

我曾与一位杰出青年相识,他就是曹先生,曾被全国总工会授予"全国关爱员工优秀民营企业家"称号。我有幸为他安装过四套私人住宅的门窗。我们仅仅在他北京的家里见过一面,但没有说过话,更多的交往是通过一位乔女士进行的。让我收获更大的是,他们不仅关爱员工,而且对待每一个人都和蔼可亲、关爱有加,不分职业的高低贵贱。这种境界让人可以学习却难以超越。

曹先生生在矿区,长在矿区。他起初从事电焊业务,但很快将目光投向了煤炭加工。1996 年,他以 30 万元大胆承包了一个洗煤厂。在煤炭价格快速上涨的时代,曹先生凭借自己的聪明才智和坚韧不拔的精神迅速崛起。他的企业迅速扩张,并成为当地知名企业。

"感恩"或许是市场竞争中最强大的竞争力,毋庸置疑,服务产生价值。从 2015 年至 2019 年,我分别为曹先生在太原和北京的四套住宅安装了门窗。也许是事务繁忙,也许是对物质生活没有太高的要求,他的房子装修得简单而朴素。但从他房子的地段能感受到他对孩

客厅的铝包木系统门窗、落地窗。

子教育的重视——他房子的对口学校无疑是北京的天花板。每次到北京，我都会为曹先生家的门窗做一次售后服务，几乎每次都能遇到乔女士。让人感激和敬佩的是，每次维护完门窗后，他们总是邀请我留下来吃饭，而且是和家人一起用餐。我也就厚着脸皮，恭敬不如从命了。试问，每一位成功的人，有谁能做到这一点？这样的企业，我想一定是蒸蒸日上、日新月异、朝气蓬勃的。

任何一个成功企业的发展都不是一帆风顺的。我坚信，在曹先生掌舵的过程中，一定经历过许多难题，甚至时刻都在解决不可预测的问题。一帆风顺的事业很难成就伟大，越大的磨难才是越好的锤炼。他对员工的关爱和付出，是对道德的最好诠释。因此，我坚信，一个企业的茁壮成长，离不开管理者对员工的关爱。

如果一个企业想发展壮大，那就从我做起，多为员工着想，更多地关爱每一位努力拼搏的员工。同时，我们每一位努力工作、梦想改变生活的青年也要从我做起，多为企业和国家着想，未来才会可期。

有一天，我看到一个段子在吐槽某个火车站大厅的垃圾桶太少，建议政府多摆放一些垃圾桶。许多评论都在诋毁这个火车站和这座城市，但我的观点恰恰相反。我评论道："抱歉，我的观点与大家不同。垃圾桶的减少是文明进步的象征。每个人都有责任减少制造垃圾，并将垃圾带回家处理或带到垃圾站。我们也应该主动捡起街道上的垃圾，放入垃圾箱。"这个观点引来许多点赞，也招来一部分诋毁和嘲讽。当然，这没有对错之分，只能说评论者各自的观点不同。

我分享一个我在日本研学的真实案例。2019年11月，我在日本东京、大阪和京都等城市研学时，由一位年轻的日本老师带队。在马路上，他看到一只塑料袋，毫不犹豫地捡起来，非常规范地折叠后装进自己的口袋。整个过程自然娴熟，仿佛是一种本能的日常行为规范。从此，我从内心深处开始佩服和敬重他。回国后，我也努力这样做：看到路边的自行车倒了就扶起来，垃圾也顺手捡一捡。

在上海，有一个公益组织叫"顺手捡跑团"。这是一群跑步爱好者，在特定时间奔跑在城市的各个角落，一边跑步一边捡垃圾。我有时间也经常参与这项公益活动。在这个社会中，乱扔垃圾的人永远不会

消失，但正能量的志愿者也将永远存在，甚至会越来越多。长辈谆谆教导我们："但行好事，莫问前程。"这就是人与人之间在若干年后的区别。有的人生活得越来越美满幸福，有的人却过得破烂不堪。因此，我坚信，曹先生掌舵的公司体贴员工，员工也一定对公司尽心尽力。与这样的企业家合作，是对自己思想的升华。因此，我祝愿每一位优秀的企业家、每一家优秀的公司欣欣向荣，如旭日东升般蓬勃发展。

遇强则强

"读书破万卷，下笔如有神"，唐代诗人杜甫的这句诗，恰可诠释专注学习的境界。在门窗行业深耕多年，我可谓行万里路、读万卷书、阅人无数。从欧洲工坊到亚洲工厂，从顶尖研发机构到街边作坊，各类经营理念皆有涉猎。不同定位造就迥异思维，正如早市商贩难以理解高端卖场的品牌逻辑，这不仅是商业层级的差异，更是文化素养与见识的差异。

我笃信"选择重于努力"的法则，坚持"二八定律"，专注服务20%的精英群体。并非因利润丰厚，而是这些行走在成功道路上的人士，其眼界与格局恰是创业者最好的镜鉴。与优秀者同行，方能成就更好的自己。

在商业合作中，强势的甲方与坚守原则的乙方相遇，往往能碰撞出精彩的火花。本次案例中的业主是一位业内知名的女企业家，以雷厉风行著称。而作为服务方，我始终坚持"专业对等、相互尊重"的合作理念，这成就了一段令人难忘的合作经历。

我本次服务的客户，户型面积达$300m^2$，采用一梯一户的高端配置。从2019年12月11日初次会面，到12日签订全款合同，再到29

内开系列

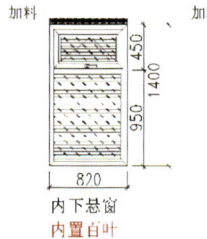 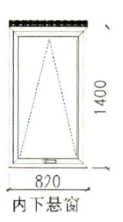 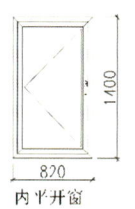 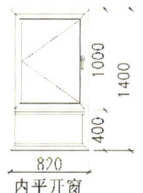 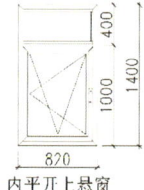

内下悬窗　　内下悬窗　　内平开窗　　内平开窗　　内平开上悬窗　　内平开上悬窗
内置百叶

外开系列

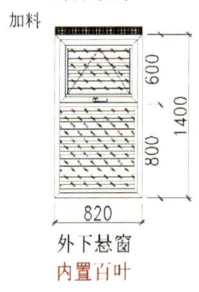 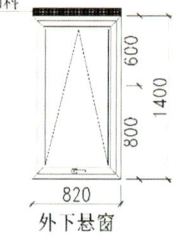  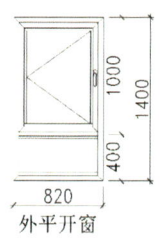 

外下悬窗　　外下悬窗　　外平开窗　　外平开窗　　外平开窗
内置百叶

常见的窗型，多用于厨房、卫生间、别墅楼梯间。

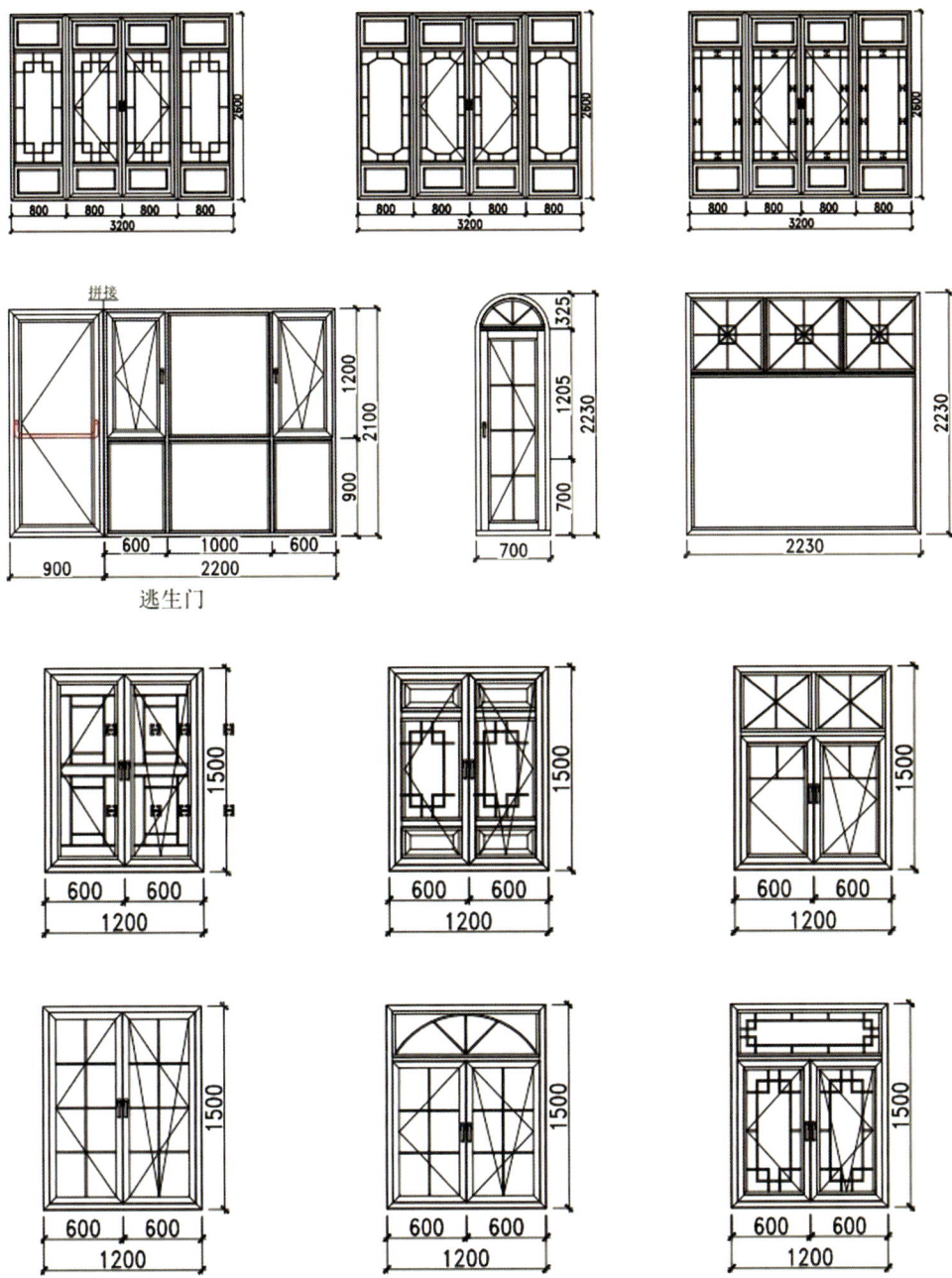

常见的窗型，多用于厨房、卫生间、别墅楼梯间。

日完成安装，这个跨年项目创造了我们公司最快成交记录。合作成功有以下三大关键因素。

一是确保工程交付。2020年春节较往年迟一些，建材行业的生产周期面临严峻考验。业主坚持要求在农历新年前完成安装，这对北方寒冬时节的施工提出了极高要求。虽然我们更倾向于年后施工以确保质量，但经过专业评估后，仍承诺按时交付。

二是专业实力展现。在业主会议室，陈列着来自五六家厂商的门窗样品。凭借十余年的高端定制经验，我迅速筛选出不符合标准的产品，并详细分析了各品牌的优劣势，这种专业素养最终赢得了业主团队的认可。

三是坚持商业原则。在谈判最后阶段，我们坚持全款支付不打折的底线。面对业主的强烈反应，我解释道："在工期如此紧张的情况下保持原价，正是我们对品质负责的体现。"这种专业坚持反而促成了合作，次日便完成了签约。

在严格的时间要求下，我们不仅按时完成安装，更确保了工程质量。业主验收时表示满意，这也成为2020年开门红的成功案例。

设计师王恒

2018年4月,我参加了同济大学为期15天的"意大利米兰设计周"研学团。从此,我与王恒相识并彼此认可,成为朋友。

2018年4月14日,我独自一人从太原乘坐高铁前往北京首都国际机场,在没有团队陪同的情况下飞往意大利时尚之都——米兰。这是我第一次单独出国,航班是北京直飞米兰,没有中转的烦恼。以往我通常会在莫斯科中转,虽然中转可能节省一些机票费用,但这次直飞让我感到更加便捷。这是一次既顺利又有些坎坷的旅途。顺利的是,我乘坐国航顺利到达米兰。麻烦的是,由于整个研学团队的学员来自祖国的五湖四海,乘坐的航班和出发城市不同,到达米兰的时间也各不相同。碰巧,我是第一个到达米兰的。我手拿研学日程规划表,但没有仔细阅读,加上英语水平有限,一时间有些手足无措。

好在机场里有很多中国人,在他们的帮助下,我找到了出口并打到了出租车。不管三七二十一,上车后我就让司机按照日程表中的地点出发。出了机场,我们很快上了高速公路。由于我的英语很差,听不懂出租车司机的话,其实他是在问我:"您确定是要去佛罗伦萨吗?"我含糊不清地回答:"Yes。"然而,米兰和佛罗伦萨是两个相距较

2018年4月,我在意大利卡拉拉石材生产基地与来自全国各地的优秀青年一起参观学习。

远的城市。一路上,司机反复问我是否确定要去佛罗伦萨。我拿起电话打给了我们的带队团长,让他与司机交流。团长英语流利,且熟悉研学行程安排。果不其然,我要去的地方不是佛罗伦萨,而是提前预订好的米兰的一家酒店。这是我们意大利研学的第一站,而佛罗伦萨是几天后的安排。此时,车子已经行驶了大约15分钟。对接好目的地后,司机在最近的高速出口下来,驶往正确的目的地。没过多久,我们到达了酒店,打车费折合人民币1 000多元,虽然价格昂贵,但我对这位米兰出租车司机的职业道德感到敬佩。

到达酒店后,我办理完入住手续,开始等待其他学员的到来。尽管我们都来自中国,但彼此并不相识。各位学员三三两两地陆续到达。我是一个乐于助人的暖男,便主动帮大家搬行李,做一些力所能及的事情。这时,我听到王恒说特别饿,便主动上前问他:"要不要吃饼干或方便面?"在饥饿的情况下,每个人对食物都不会挑剔。他说:"要啊!"于是,我把从国内带来的不多食品给了他。

我坚信，人与人的相识都是缘分所致。在研学团的后续行程中，我依然是那个不爱说话、性格腼腆的人，但同时也在坚持乐于助人的本性。同行的学员中，不乏一些经济条件很好的同学，他们散发出一点点我行我素的任性。而阳光、善良、诚实、谦卑等品质，在我身上体现得淋漓尽致，受到了大部分学员的喜欢。按照王恒在威尼斯对我的观察和评价："您是一个很有责任感又顾全大局的人……"

在王恒参加完太原居然之家设计师分享会后，我带领他游览了山西乔家大院、平遥古城等著名旅游景区。右一是同济大学的和楠同学，右二是意大利Gianpietro教授，右三是王恒，右四是我。

由于威尼斯是一个水上城市，道路纵横交错，街巷又窄又深，弯弯曲曲，路边的小商店摆满了各式各样的小吃和工艺品。很多学员走走停停，驻足观看或品尝各类小吃，因而造成了整个团队前不见头、后不见尾。每天的行程安排都很紧张，为了避免大家走散，我时刻保持在队伍中间，也就是街头巷尾的拐角处，确保前后都能看得见。我的一举一动被王恒看得清清楚楚，没想到他还是一个注重细节的人。我只知道他是一个特别幽默的段子手，是团队里的活跃分子，知识储备丰富，爱开玩笑。

用"久别重逢"来形容几个月后的再次相遇可能有些不太贴切，但一切都是最好的安排。也许是为了让我们彼此更好地了解对方，加深友谊和印象。同年8月，王恒受公司总部的邀请，来到太原分享设计案例。作为东道主，我尽了一下地主之谊。同一时间，我们在意大利一起研学的Gianpietro教授也碰巧来到了中国。在意大利带队的队长也是太原人，还是我的门窗客户。我们简单沟通后，开始规划如何畅游三晋大地。我起草了几个方案供大家选择，大家最终选择了景点比较集中的旅程：乔家大院、平遥古城和晋祠博物馆。整体行程安排妥当，我们欣赏了山西的大院文化，品尝了三晋美味佳肴，观看了王潮歌导演的《又见平遥》，并在晋祠祭拜了王氏祠堂。

真诚从来不语，却诠释和加深了所有友谊。短暂的三晋畅游匆匆而过，我们各自开启了工作模式。一个月后，王恒通知我，他在上海有个案子，需要门窗和阳光房的配套。我需要澄清一点，

设计师王恒。

2019年10月1日，Gianpietro教授、Pagni教授、和楠、王恒、我在上海共进晚餐。

我们的三晋畅游不完全是出于讨好或为了争取他公司的业务，更多的是我们彼此认可。我是一个"你若盛开，蝴蝶自来"的养花人。随后，他把上海公司的对接人发给我，从此，我们开启了全方位、全中国的合作，包括北京、上海、深圳、海口、杭州等城市。2018年至2022年，这几年让我看到了他的迅速发展、蒸蒸日上。他的团队从十多人发展到上百人，办公空间从百十平方米的工作室扩展到几千平方米的办公楼。他的迅速发展，我认为是抓住了短视频时代的风口。当然，他之前在微博上已经有了一定的基础，加之短视频的助力，使得他发展迅速。

这就是我游学时认识的王恒。

青岛开工厂

用"常在河边走，哪有不湿鞋"这句话来形容我与一位熟悉而又陌生的朋友的关系再合适不过了。他是我刚踏入门窗行业的同事。2015年，他计划离开太原去青岛生活，主要原因是他娶了一位在青岛工作的太太。2013年结婚后，他们一直过着两地分居的生活，但这并非长久之计。于是，2015年，他决定回青岛找点事情做。

2011年，他在太原接手我的一家门店，做门窗家装零售业务，干得马马虎虎，也赚了点钱，还在青岛买了套房子。因此，从多方面考量，他决定回青岛继续从事门窗行业。他最初的计划是在青岛开个门窗店，但经过多方考察后，他发现青岛的门窗市场竞争太激烈，最终放弃了这个方案。一番思索后，他并没有找到更适合的工作。

那时，我们经常在一起吃饭、开玩笑、斗嘴，但从未真正有过金钱上的往来。就在一筹莫展的时候，我突然想起我在大连合作过的一个厂家计划在全国开设木门及全屋整木定制分厂的事情。总厂提供半成品，分厂负责加工成品并供应给当地经销商。前期投入大约200万元，总厂占股51%，分厂占股49%。我将这个消息告诉了他，他欣喜若狂，开始琢磨开设分厂的事情。在听取亲朋好友和行业内前辈的建议，大多数人认为这个项目值得一试。加之山东是大连这家集团公司在全国经销得最好的区域，这让他感觉像是"天上掉了个大馅饼"。于是，我联系了大连总厂的相关负责人。由于我与总厂打交道已有十多年，所以很多人我都熟悉。我们很快订好机票，马不停蹄地飞往大连协商合作事宜。到达大连后，公司负责人直接带我们到当地一家久负盛名的饭店，用大连海鲜招待我们，这分明就是"有朋自远方来，不亦乐乎"。

饭后，我们参观了工厂的展厅。这是一个规模很大的集团公司，旗下有门窗公司、木门公司、整木定制公司以及一些大大小小的配套车间。作为出口欧美的大型工厂，整个加工车间流水线的标准化作业让人眼前一亮。参观过程中，我内心萌发出一种"背靠大树好乘凉"的感觉。偌大的工厂每天加工成千上万的木门出口欧美，更重要的是，公司董事长的为人备受好评。不论从产品质量还是老板的人品来看，这家公司都非常理想。加上我们多年合作中建立的信誉基础，协商进行得非常顺利。然而，新的问题出现了：他的投资金额不足以支撑分厂项目的费用。万般无奈之下，他把我拉进了这个项目。那时，我手头还有些闲钱，事情就这么稀里糊涂地搅在了一起。

寻找合适的厂房并不容易。尽管青岛满城都是空厂房，但适合自己的却是百里挑一。我们找遍了青岛的东南西北，看了许多厂房，不是太大就是太小，不是太远就是太丑，简直比找对象还难。经过数日的努力，我们最终在青岛城阳区的一个村找到了一间 6 000 m^2 的厂房。无论从环境、布局、办公空间、地理位置，还是水电暖设施、厂房质量、院落大小、厨房卫生间配套等方面，房东都考虑得非常周全。谈妥房租价格后，总厂派人来审核。此时已是 2015 年的腊月。年前，我们与房东和总厂确定了合作事项。新租下的厂房得到了总部的认可。

厂房确定后，年关已至，后续的事情只能等年后再继续。这个年，我满脑子都是青岛分厂尽快投入生产的事情。春节后，我们抓紧联系总部安排技术人员来布置车间和购置生产设备。当然，这些都是总部技术推进分厂落地的工作，我们只能催促总部尽快落实，自己则负责办理营业执照、税务登记等手续。在这个社会上，我们要坚信一点：总有处理不完的事情，也没有一件容易处理的事情。解决一个问题，就会有新的、更难的问题出现，这就是真实的工作。乐观地说，我们在享受解决各种问题的过程，这种挑战可以简称为"痛并快乐着"。从开门店跨越到开工厂，这是一个截然不同的世界。开门店是营销，而开工厂是制造，需要不同工种的工人来配合生产过程中的每一个环节。车间工人的文化水平普遍不高，培训难度大，加上老乡之间的拉帮结派，时不时会发生矛盾。更让人心烦的是，环保、公安、消防、工商、税务等一系列事项都让人措手不及。

分厂从 2016 年 5 月开业到 2017 年中，大约一年的时间里，经营状况并不理想。其间，我们还增加了一次注资，仍无法实现盈利。万般无奈之下，青岛的朋友选择放弃，并向总厂提出申请，要求总厂接手分厂或决定是否继续经营。根据当初的约定，如果分厂在两年内无法盈利，总厂将承担投资费用。因此，他要求在两年内将分厂退还总厂。这一举动让我在总厂那边大失颜面。更让人愤慨的是，他要求总厂在规定时间内退还他的投资。作为一个集团公司，任何事情都需要按照程序处理，办理手续需要一定的周期。我多次沟通，希望他能给予一些时间，毕竟总厂那边已经仁至义尽。最终，我提出借钱垫付的方案，他居然同意了。无可奈何之下，我只好借钱先将他的投资款退还给他。从此，我与他之间的关系画上了句号。

经过审批流程后，总厂按照占股比例将钱汇给了我。尽管事情得

青岛盛友美家整木家居有限公司的工厂。

到了解决，尽管这笔钱对总厂来说不算什么，但我内心仍感到特别抱歉，并对集团董事长致以深深的敬意。很多时候，我会思考一个问题：为什么只有少数人成功，而大多数人失败？无论成功还是失败，我们在每一件事情中都会有所收获。

天道酬勤

2019 年 12 月 21 日，我在上海伊犁南路的一家咖啡店喝咖啡时，遇到了一位台湾设计师正在咖啡馆里与客户对接方案。我一边喝咖啡一边看书，不经意间听到了他们关于门窗玻璃的讨论。也许是职业习惯，我的注意力被吸引了过去。出于职业道德和礼貌以及对业务的敏感度，我在设计师与客户沟通即将结束时，主动递上了自己的名片，介绍自己是专业制作门窗和阳光房的服务商，拥有十五年的经验，如果需要可以联系我。对方礼貌地收下了我的名片，并回赠了他们的名片。我们愉快地添加了微信，开启了初步的交往。作为一个性格内敛的人，我很少主动打扰设计师，即使努力突破自己，也只是偶尔发个微信，传递一些对门窗的认知和专业信息。然而，这种行为其实是不妥的。作为一个深耕门窗行业十多年的服务商，开展业务是必不可少的事情，但我依然保持着佛系的态度。

2021 年 8 月 4 日，这位设计师突然给我发微信，咨询一个老房子更换门窗的事情。她问我是否能做，并提到了更换房子门窗的难度：房子已经入住，想更换一块大玻璃，且位于 25 层。我随即发了一些其他项目的施工图片给她，设计师看后没有了后顾之忧，于是我们约

2019年12月21日，我在这个咖啡馆认识了设计师。

定了时间去现场查看具体情况。2021年9月5日下午，我们如约来到客户家里勘察现场情况。作为一个业务人员，我提前到达现场等候。在与设计师交流时，我得知客户是一位名校的老师，内心油然而生一种敬佩之情。也许是对知识的渴望，或许是对知识的崇拜，我的内心深处非常澎湃。

在我的客户群体中，有政要名流，也有社会各界的成功人士，但还没有遇到过名校老师，这让我感到兴奋。设计师到达后，我们一起从楼下进入客户家里，沟通门窗的制作、安装、性能和价格等细节。随后，我开始测量门窗，设计师则与客户探讨其他方案。客户家有两套房子，一大一小，三代人合理规划住房。这在高端客户中并不少见。由于房子已经入住多年，测量过程中有一定的难度，不仅要测量室内尺寸，还要测量室外尺寸，甚至要平衡窗套和窗台板的尺寸衔接。这一套房子的门窗面积约$20m^2$，另一套约$30m^2$。我带了两款门窗样品，测量结束后，客户选择了他们认可的款式。两天后，我将图纸和报价客户邀请我做其家装门窗的监理工作。在大部分人的观念里，门窗可能只是一个简单的产品。但是作为一个定制化品类，门窗实际上是一个从设计、制作到安装的复杂工程，尤其是户外产品。

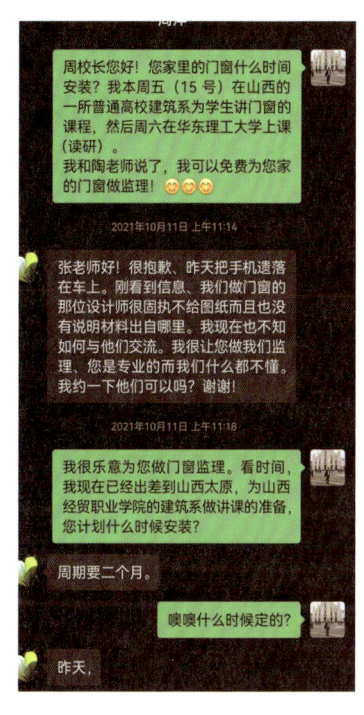

方案做好，交给了设计师。设计师对报价进行了详细了解，包括门窗的吊装、旧窗户的拆除以及废料的清运等细节。作为一个从事高端门窗行业十多年的服务商，我自然不会在图纸报价中留有节外生枝的增项费用。

设计师将报价方案发给了客户，但我并没有主动催促客户。直到9月10日，设计师问我是否与客户联系过。我回答没有。设计师解释说客户在考虑价格，并提到他们已经找了一家原来的门窗厂商，但觉得我更专业，想有偿请我做监理。我毫不犹豫地答应了，并表示免费提供服务。设计师将客户的电话给了我，并推给了我客户微信。设计师说："不能让你白白辛苦。"我回复："这边付出，那边收获！有舍才有得。"

2021年10月11日，我与客户周老师通过微信联系上了。我询问周老师门窗的安装计划，并建议她提供门窗的品牌、配置等信息，以便我帮她把关。周老师回复说，门窗的周期要两个月，且门窗的设计师没有提供图纸和配置表。我解释说，门窗的水很深，就像买汽车一样，高配和低配的差距很大，一般人很难看出来。我表示愿意为她做监理，主要把控门窗配置和工艺标准以及现场安装。

时间过得很快，转眼间一个多月过去了。2021年11月19日，设计师给我发微信，说客户的门窗安装出现问题，无法解决，希望我能去现场看看。我随即前往客户家，发现门窗的质量和安装水平都不尽如人意。型材工艺、胶条质量、玻璃工艺和五金配件等方面

创业篇 / 225

这是客户随便找了一个门窗商家安装后的效果。我们能够看到厨房右边靠墙处是一个热水器，如果选择内平开，可能还能将就一下，可是这个商家却采用了内下悬设计。从图片中不难感看出，这个门窗使用起来很憋屈。

这是我二次改造后的效果。在没有拆卸框体的情况下，将开启方式改为外平开。把手下移是考虑到窗户下面有橱柜。做任何事情都不能忽略专业的力量，经验才是无价之宝。

都很落后。安装现场的问题主要集中在测量和设计上。一个飘窗的设计改得越来越丑，安装师傅也不想麻烦，想省事安装，但这会给客户带来非常差的体验。在我的强烈要求和客户的配合下，问题最终得到了圆满解决。

2022年9月14日，我主动提出为周老师提升门窗配置，建议更换更好的密封胶条。周老师接受了我的建议，我们约定面对面交流。除了更换胶条，我还解决了门窗设计不合理的问题，并调试了五金配件。在更换过程中，周老师提到有一块玻璃存在漏气和漏水的问题，我答应周老师竭尽全力帮忙，但由于订购玻璃需要15～30天的时间，我决定将问题分两次解决。虽然这会增加我的工作量，但并不影响生活，反而让我有更多时间展示自己的诚信和专业能力。

漫漫人生路，涩涩青春途。在与高人交往时，你会感受到点点滴滴都是收获。周老师和她的丈夫陈老师都是七十多岁的高级知识分子，身体素质和精神状态都非常好。他们对生活的高标准、严要求令人敬佩。如何评价一个人的生活习惯？如果用财富来衡量，可能是最低级的评判标准。我认为，最大的尊重是不给社会带来负担，最好能为社会做点贡献。周老师和陈老师正是这样的人。

本次分享的这位高人周老师，是上海一所著名民办初级中学的校长。她的优秀不仅体现在学术上，更体现在生活的方方面面。正如我常说的："一个人优秀，是因为学习了比自己更优秀的高人的优点。"

这种老钢窗历久弥新的魅力,不仅在于其边框在原先基础上变得更窄,更在于窄边钢窗所具备的良好性能。这种窄边钢窗保留了民国时期老钢窗的复古艺术美学,又结合了现代断桥节能技术。

华东理工大学商学院企业课堂讲师

2004年10月,在学习《科特勒市场营销教程》时,我曾感慨地说:"我们唯一的、最重要的资产就是我们头脑里的知识,前进的人是懂得永无止境学习的人。"这些话仿佛是在给自己灌鸡汤。2021年,我决定攻读华东理工大学商学院MBA。2022年1月8日,在上"会计学"专业课时,我加了胡美琴老师的微信,主要是想咨询一些学习和工作中遇到的问题。在学习方面,我是一个非常普通的学生,既不爱提问,也不喜欢回答问题,属于不被老师关注的那一类学生。但我从事的门窗行业,是每一个热爱生活的人离不开的。

2023年10月10日晚上,我意外收到了微信消息。

胡老师:"张总,你好呀!"

(胡老师幽默地称呼我为"张总"。)

我:"胡老师好,您有什么事随时召唤我。"

胡老师:"我想咨询门窗的事情,太复杂了,一定要向专家请教。等你方便的时候吧。"

我:"好的胡老师,看您时间。"

胡老师把具体地址发给了我。

2023年12月17日，我受邀为华东理工大学商学院的研究生上了一堂关于创新创业的企业课。

我："好的胡老师，我编辑了一本关于门窗的书，给职业院校的建工系也上过课，计划以后有机会去当老师。"

（我给老师发了几张门窗书籍的图片。）

胡老师："赞！"

我们约定了下午4点实地对接门窗的事情。我在约定的时间到达胡老师家时，开门的人却是骆老师。我顿时有些纳闷，骆老师是我选修课"创新创业"的老师。（当时我不知道骆老师和胡老师是夫妻。）我说："骆老师您好，我找胡老师。"骆老师微笑着说："这就是胡老师家。"此刻我才恍然大悟，从此开启了我与两位毕业于复旦大学的高才生的深度交往。

胡老师在家待客依然与给我们上课时一样热情。她是一位给我们留下深刻印象的会计学老师，说话总是带着微笑。在对接门窗时，胡老师为我准备了一杯非常可口的咖啡，让我下午的精神状态格外饱满。在对接每个房间的门窗洞口设计时，我以手绘的方式给出了不同的方案，最终确定了比较理想的方案。下午的咖啡让我有些兴奋，回到家后，我到东华大学跑了一个半程马拉松。

老师的事情总是最重要的，必须第一时间完成。在出图的同时，我开始准备门窗相关的物料，包括门窗色板、样角截面、玻璃等，都采用最理想的配置。事情就这样顺利地确定下来后，我开始着手制作。

我把每一次与老师对接工作的机会都当作一节私教课。每次对接完工作后，我总会带着一些自己比较困惑的问题去请教胡老师和骆老师。既然骆老师是我的"创新创业"课的老师，而他在创业领域又是资深专家，我要把握好这个绝佳的机会。于是，我将自己编辑的书稿带到老师家里请教。这本书是《草根创业记》，主要记录了我的个人经历和创业过程中与客户的交往案例。这本书原本也是我想给自己及家人留作纪念的。当我把《草根创业记》给骆老师看时，也许是出于多年从事创业领域的职业敏感，骆老师仔细翻阅了一些内容后，便鼓励我找出版社出版此书。从此，我开始有了出版《草根创业记》的念头。

这本《草根创业记》得到骆老师认可后，骆老师帮我申请了一个"华东理工大学企业课堂讲师"的名额。这是我意想不到的收获。能够与华东理工大学商学院 MBA 的老师和研究生同台交流、探讨创新创业的案例，我感到荣幸，并对老师充满感激。这一次的历练，也许是对我人生的考验和对进步的见证，因此我万分珍惜，并特别感恩。我想，这是我人生最光彩的一幕，也是我继续努力的最大动力。

2023 年 12 月 17 日，我作为企业课堂讲师与华东理工大学商学院的研究生们共同走进创新创业企业课堂。

我顺利地完成了骆老师家的门窗和阳光房工程，工程交付后得到了胡老师和骆老师的充分肯定和赞扬。胡老师不仅在教学方面热情对待学生，在为人处世方面也让我学到了很多知识和经验。胡老师在居住的小区内有很多非常要好的朋友，与左邻右舍相处得非常和谐。有一次，她还带我去邻居家喝茶，并让我享用了香甜可口的餐点。在与老师相处的过程中，我一次又一次感受到，每一位学者、每一位成功人士对待他人都那么热情、随和。

有人问我："你从事门窗行业至今已 20 年，成绩可嘉，硕果累累。总结下来，最大的收获是什么？"简单来说，就是我从创业开始的那一天起，定位于中高端产品，通过产品接触到高素质的社会精英。我做好产品，主动服务客户，得到客户的认可。我从每个客户身上学习优点，从而把自己打造成一个从内到外都很健康的有志青年。

上海喜盈门

事情源于 2019 年年末至 2020 年年初，一位在上海打拼的朋友计划与我合作，共同开设一个门窗展厅，实现合作共赢。我们心仪的选择是上海喜盈门建材市场。这是上海内环内比较高端的建材卖场，地理位置优越，离我家较近，合作伙伴过来也比较方便。我们两人一拍即合，决定前往喜盈门沟通此事。我们当时报备的两个门窗品牌一个是德国的，一个是国内的。喜盈门在上海堪称建材卖场的天花板，因为它拥有得天独厚的地理位置、专业的营销模式以及超前的品牌定位。建材界的国际大牌云集于此，造就了它的美誉。当时卖场没有空余展位，因此要想进驻喜盈门，必须提前获得商场认可的品牌资质，并交付 50 000 元的意向金才有机会。

2019 年 12 月，我们按照商场的要求提交了品牌名称和意向金，顺利签署了合作意向书。就此，我们开启了艰难的等待模式。一个月又一个月，半年时间过去了，眼看着装修的高峰期就要过去，此刻的心情可谓"心似双丝网，中有千千结"。

终于，2020 年 8 月 14 日，卖场招商部通知我们，有一个很好的位置空出来了，面积约 80m^2，我们觉得非常理想。于是，双方开始准

钢窗的设计,简约并非空白,而是精致;繁复并非拥挤,而是丰富。

备各自的工作,重新完善合同,并与工厂沟通展厅设计等一系列事宜。然而,莫名其妙的事情发生了。也许是老天自有安排吧,首先,卖场不提供装修期;其次,工厂设计展厅需要两个多月;最后,更令人愤慨的是,资金出了问题。

事情是这样的:同年上半年,我借给上海一位朋友40万元,当时他说借用一周就会还给我。结果,他一直没有在我需要用钱的时候还给我。此时,卖场正在加紧办理各项手续,准备将我们的意向金退还,并与我们重新签订正式合同。然而,资金迟迟不能到位。事已至此,我只能将真实情况告知卖场招商部。想想这是多么尴尬!我感觉这是对招商人员工作的不尊重,内心感到万分惭愧。我将要钱的艰难过程截图发给了卖场招商部的负责人,充分证明这是事实,并做了真诚的道歉。我是这样说的:

> 孙总您好!很遗憾,因我方原因,此次合作未能达成。因我八九月份有烦心事(借给朋友一笔钱,说周转几天,结果数月未还)在处理,未能集中精力办此事。因此,我愿意无条件承担一个月的房租给贵公司,以此表达我的歉意!同时也非常感谢您对我的支持。

孙总随即跟我通了电话,在充分理解我的情况下,他表示会将我的建议方案报告给公司,一起探讨。

一个多星期后,他们同意了我的道歉方案。2020年9月28日,我将一个月的房租打到他们公司。他们回复说,自喜盈门成立以来,从未遇到过这样的情况。通常,遇到这样的情况,商户收到退还的意向金后就会逃之夭夭，无非是大家以后不再合作。我的此举打破了常规，让他们觉得不可思议又不知所措。难道我这个人很傻吗？这个行为或许是对道德与诚信的诠释，实际上化解了招商人员的难堪局面，也证明了我对诚信的坚守。更重要的是，以后我们还可以继续合作。

事情愉快地解决后，我请招商部的孙总吃了顿饭，聊了以后合作的事情。2021 年 4 月 28 日，我与喜盈门再次签署了合作意向书，并支付了 50 000 元的意向金。尽管后来没有出现彼此合适的展位和合作机会，但我们收获了友谊，也践行了商业文明与诚信。

2023 年 10 月 29 日，我在太原龙潭公园跑步后进行拉伸。

徘徊在崩溃边缘

冷风萧瑟哭有声，寒雨飘洒泪痕无；行人只闻风吹雨，哪知深夜有人哭。你的生活有多少痛苦、焦虑、心酸？但只有经历过这些，我们才会去挑战和争取快乐。阳光和幸福的生活，需要我们以积极的态度去创造。每个人光彩夺目的背后，都隐藏着不为人知的心酸与无奈，这是人生无法逃避的规律。我们既要经历成败得失，也要面对焦虑与幸福，关键在于以何种态度和努力去面对。

当今社会迅猛发展，若想过得好并赢得尊重，就必须直面"内卷"现象——学习竞争激烈，职场压力倍增。这实际上是一种普遍存在的生活状态，只是我们有时过于放大其负面影响。

2023年7月22日至23日，华东理工大学首次为校友开设"校友终身学习课堂"，由组织行为学专家杨桂菊教授主讲。原计划60人的课程吸引众多校友参与，首日座无虚席，次日改至阶梯教室。课程聚焦职场困惑与自我成长，通过案例分析探讨如何突破瓶颈、提升沟通能力。整个课堂互动性极强，参会者多为已在职场打拼了十余年的奋进青年，普遍面临工作与生活的瓶颈。我也分享了一段特殊经历：

2022年，北京一个别墅项目从测量出图阶段便遭遇层层阻碍，导致项目推进异常艰难，工期延误引发客户不满。在项目管理过程中，生产成本、材料成本以及安装与物流成本始终处于动态变化中，这种不确定性常令人措手不及，叠加工期延误引发的客户投诉，多重压力使工作陷入困局。秉持"客户至上"的职业准则，我始终将问题归因于自身：因特殊情况导致成本超支，项目最终亏损已成既定事实；面对客户对物流延迟、方案疏漏及安装问题的质疑，我虽几近职业信仰崩塌，仍通过持续沟通化解矛盾，最终完成交付。

关于如何在高压环境中保持心理韧性，我在课堂上分享了以下三点心得。

第一，日常心理建设。平时可以购买一些心理学书籍，抽时间阅读。焦虑和困惑是生活中常见的情绪状态，区别仅在于程度不

在杨桂菊教授的"组织行为学"课程中，各位校友踊跃发言。课程主要以"四个一"为主题展开，即从理清一件事，到读懂一个人，保持一条心，坚守一份情。杨桂菊教授从理清管理的本质与目的、掌握需要动机与激励间的关系、了解沟通的方法与艺术、自我沟通的重要性四个方面进行了详细讲解。

两天的课程吸引了众多参与者,现场座无虚席。来自各地的新老校友利用周末重返课堂。

同。因此,我们需要提前进行心理素质的培养,做好思想上的准备。

第二,危机应对方式。当遇到重大困惑、焦虑或中年危机时,人的内心往往处于最脆弱的状态。此时,可以考虑寻求专业心理咨询师的帮助,探讨那些困扰自己却难以解决的问题。

第三,认知调整方法。一位同学提出的解决方案让我印象深刻:当你感到疲惫、焦虑甚至难以继续生活时,可以去医院的急救室外观察一段时间,看看那些正在与生命抗争的病人及其家属。这种经历可能会让你豁然开朗,重新认识到自己是多么幸运。

2023年6月12日，华东理工大学举行龙舟赛。

后记：生活不会辜负努力的人

有人说："好事可能会变成坏事，坏事也可能会变成好事。"也有人说："贫困是奋斗的土壤！"

对我而言，坏事和贫困都曾是我生活的底色。然而，正是这些经历塑造了今天的我。

2024年5月10日，我和子女正式落户上海，实现了人生的又一次跨越。我将这一好消息分享给了那些曾帮助、支持和鞭策过我的贵人、前辈、亲人和朋友们，并收到了他们的鼓励、祝贺与夸赞。此刻，我希望用文字记录这一重要时刻，与更多人分享这份"痛并快乐着"的美好。当我分享这一消息时，我接到了周先生的电话。他是我在思想和执行力上的重要引路人，他建议我将这一来之不易的成果写入书中，并特别强调"挑战命运"的意义。我想借此告诉大家：只要诚实努力、永不放弃，一切皆有可能。机会往往留给那些坚持到最后、有准备且有韧性的人。这一过程的艰辛无须赘述，但最终的结果让我倍感欣慰。

在上海的五六年中，我经历了目标清晰却步步艰辛的奋斗。疫情及其造成的影响让这段旅程更加艰难。时至今日，经济形势依然严峻。

作为一名从事门窗行业 20 年的创业者，我始终秉持保守的经营理念：不借贷、不加杠杆、无房贷车贷，甚至不办理信用卡。尽管我积累了大量的优质客户和良好信誉，但后疫情时代的危机与挑战依然让我深感压力。

2024 年 6 月，我从华东理工大学毕业，学校公众号中的一句话深深触动了我："追风赶月莫停留，平芜尽处是春山。愿你在追寻星辰大海的旅途中，在顺境中顺势而为，在逆境中破浪前行。"无论何时，上帝关上一扇门的同时，一定会为你打开一扇窗。在华东理工大学读研的几年里，我收获颇丰。除了专业知识，我还结识了许多优秀的校友和师长，并在校园环境中找到了新的生活方式。我开始跑步，参加马拉松比赛，甚至在 2024 年 4 月与华东理工大学同学一起完成了"云丘山 50 千米越野赛"。虽然我有时感到孤独，但更多时候，我是一个积极的参与者，只需要有人在背后推一把。

"内卷"或许是 2024 年最热的话题之一。

吉利控股的李书福认为，"内卷"和"价格战"会导致偷工减料、造假售假，破坏行业秩序。

长安汽车的朱华荣则认为，"内卷"是良币驱逐劣币的过程，是行业回归良性竞争的方式，最终会为用户创造更大价值。

我对"内卷"的理解是：它是懒惰者的淘汰、虚夸者的过滤、无志者的分离、无德无才者的清扫。在这个时代，我们需要的是勤奋、求实、德才兼备的实干家，以及永不放弃的坚定意志。正如华东理工大学的校训"勤奋求实，励志明德"，我始终以高标准要求自己，努力成为更好的自己。

我常常告诫自己：用跑步为健康加持，用感恩为贵人加持，用努力为自己加持，用成绩为进步加持，用行动为效率加持，用美德为文

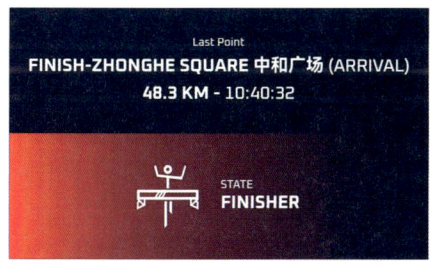

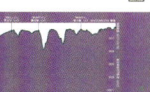

左图：2024 年 4 月 20 日，我参加云丘山 50 千米越野赛的成绩。

右图：2024 年 11 月 2 日，我参加武夷山越野赛 85 千米的成绩。

明加持，用优秀为未来加持。

一位国企总经理曾感慨："人生最重要的不是当多大的官、赚多少钱，而是健康和自由。"这句话让我深刻地认识到，规划好未来才是重中之重。

如果你感到生活压力巨大甚至有些抑郁，那么恭喜你，你是一个正常的人。生活本就是九分苦、一分甜。作为平民百姓尤其是有志青年，我们有责任将手中的"烂牌"打好。痛苦越深，快乐的滋味就越珍贵。如果仍无法理解生活的意义，不妨尝试一次越野旅行，感受翻山越岭的艰难与快乐，感受大自然的壮美与人间温情。再看看那些残疾人士的处境，或者走进医院的 ICU，你会豁然开朗：在这个和平的国度，不抱怨、多努力、多学习才是常态。

在互联网和短视频无处不在的时代，我们需要具备独立的判断力和主见。每当看到"逃离北上广深""东北没人去了""杭州找不到工作"等负面信息时，我选择屏蔽和删除。相反，我关注优秀人才政策，尤其是紧缺型博士的补贴和福利。这些政策包括生活补助、学费补助、购房补助、子女教育和医疗保障等。归根结底，只有强大自己，才能抓住机会。别人唯一能做的就是淘汰你，而你唯一能做的就是越战越勇。

当今社会，年轻人面临着前所未有的就业挑战。每当他们向我倾诉就业难、赚钱难时，我总是告诉他们：每个人都会遇到社会发展的低谷，但也一定会在合适的时间迎来高峰。在社会低迷期，我们要做的就是努力准备，等待机会。做一个乐观主义者，相信社会会变得更好，并为之贡献自己的力量。

中国有句古话："积善之家，必有余庆。"所以我坚持"但行好事，莫问前程"。在工作和生活中，如果能以微笑面对不如意，以积极心态应对不顺利，把以苦为乐当作常态，那么你的未来一定不是梦。能够接受自己的迟钝和平庸，允许自己出错，允许自己偶尔停歇，带着缺憾拼命绽放，这是与自己达成和解的唯一方式。希望大家放下焦虑，与不完美的自己和解，然后去爱那个完整的自己。

我相信社会既是公平的，也是不公平的。这完全取决于你的努力和成绩。比你优秀的人一定付出了更多，而成功者的荣耀也是在平凡的生活中奋斗得来的。人生是一场旷野追逐战，在艰难时刻，我们要做正确的事。

这本书记录了我的成长经历、创业理念和过程，以及我对艰难困苦的态度。它表达了我对门窗行业的热爱和对未来的规划。

20余年的创业心路历程，30余个真实案例，希望能为每一位努力拼搏的青年带来启示：拥有主见，明确未来定位，在传承中华美德的基础上坚持学习与奋斗。

如果书中的某一句话、一个小故事甚至一张图片对你的成长有所帮助，那么这本书就值得拥有！

附 录

门 窗

门窗,是一段传说,也是一个生命的象征。作为守护生活的一部分,它守护着每个家庭的温暖与幸福。

门窗,是一束阳光,也是一件珍品。它是衔接自然与生活的神圣桥梁,贯穿了窗外的精彩与室内的惬意。

门窗,让我们享受自然与温暖的交融,感受清爽的自然风与灿烂阳光的舒适,欣赏春夏秋冬四季更迭的精彩。

一、门窗的功能

门窗在建筑中根据其位置不同,承担着保护建筑与装扮建筑的双重角色,分别有不同的设计要求和物理性能要求。门窗需具备节能保温、隔热、隔音、防尘、防水、防火、采光、通风换气、安全逃生等功能。在寒冷地区,门窗缝隙损失的热量约占全部采暖耗热量的25%,因此门窗的密闭性是节能设计的重要内容。门窗的功能可归纳为以下两点。

功能性:门窗是建筑物围护结构系统的重要组成部分。

美学性:门窗是建筑造型的重要元素,其设计形状、洞口尺寸、

窗户设计的最高境界无非就是将窗外的风景呈现于画框里。这种呈现得益于业主对生活的热爱与专业的门窗设计。

分隔比例、整体排列、色彩搭配、造型材质等对建筑的整体美学有重要影响。音乐是流动的建筑，建筑是凝固的音乐，门窗是建筑的眼睛，赋予建筑以灵魂。

二、门窗的材质分类

根据材质，门窗大致可分为：木质门窗、钢质门窗、塑钢门窗、铝合金门窗、玻璃钢门窗、不锈钢门窗、铁艺门窗等。

随着人民生活水平的提高，门窗及其衍生产品的种类不断丰富，档次逐步提升，例如隔热断桥铝门窗、铝包木门窗、铝木复合门窗、实木门窗、铜门窗、阳光房、玻璃幕墙、木索幕墙等。

三、门窗的开启方式分类

根据开启方式，门窗可分为以下类型。

固定窗：主要用于采光和观景，窗扇无法启闭。其设计灵活，可打造个性化建筑外观，但需考虑清洁问题。

转窗：采用三连杆机构，窗扇沿立轴旋转，具有安全可靠、便于清洁、密封性好等特点。

平行推拉窗：窗扇通过滑轮在轨道上滑行，开关时不占用额外空间，但气密性较差，最多仅 50% 的窗扇可打开。

中悬窗：窗扇沿水平轴旋转，通常上半扇向内开启，下半扇向外开启，适用于高度和宽度较小的设计。

内开 / 外开折叠门：由门框、门扇、传动部件等组成，适用于室内外安装，具有灵活开启和安全保护功能。

内倒侧滑门：兼具推拉门节省空间和平开门密封性好的优点，气密性、隔热性、隔音性显著提升。

近些年，农村自建房及平改坡屋顶项目逐渐增多。本案例为平改坡屋顶的设计。

提升推拉门：适用于大型重型门，通过提升系统增强安全性并延长滑轮寿命。

上悬窗：合页装于窗上侧，向内或向外开启，是平开窗的一种改良形式。

下悬窗：合页装于窗下侧，向内开启，通风性好但不防雨，适用于室内换气。

曲臂卷帘窗：由铝合金制成，驱动方式包括皮带、曲臂和电动，常用于玻璃窗外侧。

上下提拉窗：采用上下提拉的开启方式，与传统内开、外开和推拉模式不同。

平开窗：通风性好，密封性、隔音性、保温性优良，但内开式占用室内空间，外开式存在安全隐患。

内开内倒窗（平开下悬窗）：通过执手操作，可实现内平开、下悬和锁闭功能，兼具通风与安全性。

挑高客厅门窗的案例

阁楼天窗与洞口的衔接设计。

个人年表（2002—2024 年）

2002 年

年初　入职太原新飞翔广告公司，先后任职于制作部与业务部。

2003 年

3 月　在太原东华苑购置房产。

是年　完成简装修并搬家。

2004 年

3 月　兼职太原某家具公司的销售工作。

是年　从新飞翔广告公司离职。

2005 年

5 月　入职北京天东门窗公司，任职于业务部。

9 月　在太原开设祺来顺商店，并交由母亲经营。

2006 年

10 月：从天东门窗公司离职，创办泰明门窗，开始自主创业。

2007 年

 4 月 泰明门窗店面正式开业。

 9 月 购置第一辆汽车。

2008 年

 10 月 在太原九州市场开设 200m² 的门窗工厂。2009 年，工厂搬迁至龙堡村；2011 年，工厂搬迁至木厂头村；2015 年，工厂搬迁至北瓦窑村；2016 年，工厂转让。

2009 年

 5 月 购置别克新君威轿车。

 10 月 在太原现代家居 2 号馆开设门店。

2010 年

 1 月 在太原举行结婚典礼。

 10 月 在红星美凯龙北中环店开设门店。

2011 年

 5 月 北京居然之家太原河西店开业。

 8 月 女儿出生。

 10 月 承接京沪高铁安徽定远标段护栏项目。

2012 年

 5 月 在老家修建房屋。

12 月　购置太原旱西关 10 号院房产。

2013 年

5 月　完成旱西关新房装修并搬家。

9 月　儿子出生。

10 月　在太原现代家居 1 号馆开设门店。

2014 年

5 月　在太原开设门店,两年后撤店。

2015 年

10 月　与青岛盛友美家整木家居合作建厂,2017 年撤股。

2016 年

10 月　在太原锦绣装饰城开设门店,经营半年后撤店。

12 月　现代家居 1 号馆门店拆除;赴欧洲游学。

2017 年

4 月　再次赴欧洲游学。

10 月　在红星美凯龙长风商场开设门店。

2018 年

4 月　参加米兰设计周。

5 月　在上海凯旋路文定路开设门店,2020 年撤店。

11 月　购置上海中山西路安顺路房产。

2019 年

5 月　完成上海房产装修并搬家。

11 月　赴日本游学。

2020 年

5 月　办理儿子张嘉航上海小学补报名及女儿张嘉芷转学事宜。

9 月　参加华东师范大学与华东理工大学研究生预面试。

2021 年

2 月　收到女儿张嘉芷的转学通知书。

5 月　完成老家房屋平改坡屋顶工程。

7 月　收到华东理工大学研究生录取通知书。

12 月　将太原红星长风店迁至国金店。

2022 年

12 月　启动太原红星国金店门窗展厅装修工程。

2023 年

7 月　门窗展厅装修完毕。

2024 年

5 月　正式落户上海。

6 月 25 日　从华东理工大学硕士毕业。

个人成长轨迹

2001年
2002年
2003年
2004年
2005年
2006年
2007年
2008年
2009年
2010年
2011年
2012年
2013年
2014年
2015年
2016年
2017年
2018年
2019年
2020年
2021年
2022年
2023年
2024年

第一套楼房　祺来顺商店　打工时公司派车　门窗展厅（创业）　自购车　门窗工厂　自购轿车
自购车　第二套楼房　自建三合院　青岛工厂　上海购房　硕士毕业　上海户籍